Bildung gestalten im Homeschooling

Christin Tellisch, Daniela Schlütz,
Michaela Stastkova, Alexander C. Lang

Bildung gestalten im Homeschooling

Waxmann 2022
Münster • New York

Diese Veröffentlichung wurde aus Mitteln des Publikationsfonds für Open-Access-Monographien des Landes Brandenburg gefördert.

Bibliografische Informationen der Deutschen Nationalbibliothek
Die Deutsche Nationalbibliothek verzeichnet diese Publikation in der Deutschen Nationalbibliografie; detaillierte bibliografische Daten sind im Internet über http://dnb.dnb.de abrufbar.

Print-ISBN 978-3-8309-4520-8
E-Book-ISBN 978-3-8309-9520-3

https://doi.org/10.31244/9783830995203

Steinfurter Straße 555, 48159 Münster

www.waxmann.com
info@waxmann.com

Umschlaggestaltung: Anne Breitenbach, Münster
Umschlagfoto: © FatCamera, istockphoto.com
Satz: MTS. Satz & Layout, Münster
Druck: CPI Books GmbH, Leck

Gedruckt auf alterungsbeständigem Papier, säurefrei gemäß ISO 9706

MIX
Papier aus verantwortungsvollen Quellen
FSC® C083411
FSC www.fsc.org

Printed in Germany

Vorwort

© Alexander C. Lang

Als sich im Jahr 2020 die Covid-19-Pandemie ausbreitete, wurden in Deutschland über Nacht Schulen geschlossen. Zunächst hatten Schüler:innen Hoffnung auf etwas mehr Freizeit und Ferien, doch schneller als gedacht wünschten sie sich den Schulalltag zurück. Aber nicht nur die Schüler:innen sehnten sich nach Gewohntem, auch Lehrkräfte und Eltern kamen an ihre Grenzen. Aus Vollzeit arbeitenden Müttern und Vätern wurden Deutsch-, Mathe- und Englischlehrer:innen. Ein mobiles Endgerät in der Familie reichte nun nicht mehr aus, weitere Laptops und Tablets, aber auch Drucker wurden benötigt. Alle gemeinsam mussten in kurzer Zeit die Frage klären, wie der herkömmliche Unterricht verändert und an die gegebene Situation angepasst werden kann.

Durch die Pandemie wurden Defizite im Hinblick auf die Digitalisierung im Bildungsbereich deutlich: So war nicht jede:r Schüler:in digital gleich gut ausgestattet. Das galt gleichermaßen für die Schulen: So besaßen einige Schulen mitunter kein schulinternes Portal, um Lehrkräfte, Schüler:innen und Eltern über den weiteren Verlauf der pandemiebedingten Umstellungen zu informieren. Zum Teil fehlte auch nötiges Know-how, um den digitalen Alltag zu bestreiten – sowohl seitens der Lehrkräfte als auch der Schüler:innen. Es entwickelte sich eine Spannung, die nach Entladung strebte, denn Freizeitaktivitäten, soziale Kontakte und Abwechslung fehlten Eltern, Schüler:innen und Lehrkräften.

In dieser Zeit arbeiteten alle Beteiligten gemeinsam daran, Kommunikationskanäle aufzubauen, um das Übermitteln von Lehrinhalten situativ anzupassen – dabei wurden neue Maßstäbe gesetzt, Prioritäten gefunden, Methoden erprobt. Diese zielten vor allem darauf ab, die digitale Distanz, welche entstanden war, zu überbrücken. Es zeigte sich, dass einige Personen immer schweigsamer und einzelne Schüler:innen beinahe unsichtbar wurden. Bei manchen leistungsschwächeren Schüler:innen entstanden zunehmend Defizite, da sie nicht mit der Flut an Aufgaben und selbstständigen Arbeiten umzugehen wussten. Einigen Schüler:innen aus sozial benachteiligten

Familien wurde ein Zufluchtsort entzogen. Dabei stellten nicht erledigte Schulaufgaben das geringste Problem dar. Einigen Heranwachsenden fehlte es an Räumen, in denen sozialer Austausch stattfinden konnte.

Viele Lehrkräfte erkannten in dieser Zeit die Notwendigkeit, Schüler:innen über die notwendige soziale Distanz hinweg zu erreichen, ihnen Raum für Fragen und Austausch zu bieten und ihre Bedürfnisse aufzugreifen. Neben der Anpassung von Lerninhalten und Übermittlungsformaten im Zuge des Homeschoolings, stand dabei das Bemühen im Mittelpunkt, aufeinander zu achten, Rücksicht zu nehmen und eine wertschätzende Lehrer:in-Schüler:in-Beziehung aufzubauen bzw. aufrechtzuerhalten – gerade in digital übermittelter Form.

Hier setzt unser Buch an: Wir gehen von einem Materialkorpus aus, welcher während des Covid-19-Lockdowns von Lehrkräften verschiedener Fächer erstellt wurde. Sie entwickelten die vorliegenden Materialien für das Homeschooling. Der zur Verfügung gestellte Korpus diente als Grundlage einer wissenschaftlichen Analyse, die darauf zielte, die erprobten Materialien wissenschaftlich-theoretisch zu fundieren, um Implikationen für das Lehren und Lernen im Homeschooling abzuleiten. So entstand der vorliegende Leitfaden, der aufbauend auf einem praktischen Wissens- und Erfahrungsschatz eine Auswahl an Gestaltungsmöglichkeiten im Homeschooling zeigt, die als Inspiration für Lehrende dienen können. Gleichzeitig kann die Herangehensweise der wissenschaftlich-theoretischen Fundierung dazu genutzt werden, eigene Materialien und praktische Ansätze zu überprüfen, zu vertiefen oder sie weiterzuentwickeln, um sie an kommende Bedarfe anzupassen.

Wir möchten mit diesem Buch angehende oder bereits praktizierende Lehrkräfte motivieren, die vorgestellten Ideen aufzugreifen sowie auf die eigene Lehr- und Lernsituation individuell anzupassen, um gemeinsam das Lehren und Lernen trotz widriger Umstände – oder genau wegen dieser – zu verändern und erfolgreich zu gestalten. Dabei ist es aus unserer Sicht unabdingbar, Hand in Hand zu arbeiten, Erfahrungsschätze zu teilen und sich gegenseitig zu inspirieren.

Unser Dank gilt allen Lehrkräften, die für dieses Buch ihr wertvolles Material geteilt und uns erlaubt haben, es zu analysieren. Ohne ihren unermüdlichen Einsatz und ihre Bereitschaft Lehrformate anzupassen, wäre ein solcher Fundus nicht zustande gekommen. Ihr großes Engagement und der Wille, eine gute und wertschätzende Lehrer:in-Schüler:in-Beziehung aufzubauen, hat auch das Homeschooling erfolgreich gemacht, denn auf diese Weise wurden Lehrformate und Unterrichtmaterialien erstellt und weiterentwickelt, sodass Lernen mit Herz, Hand und Verstand möglich werden konnte.

Zudem danken wir allen Unterstützer:innen, die aus persönlicher Überzeugung mitgewirkt haben, sei es die Fotografin Jeanette Zehentmayer, sei es der Korrekturleser Ron Pachler.

Inhalt

1. Einführung

Homeschooling? Ein Wort, das bis zum Jahr 2020 wohl kaum als reguläre Möglichkeit der schulischen Bildung eingeordnet werden konnte, erlebte einen konjunkturellen Aufschwung. Durch die Corona-Pandemie wurde es notwendig, dass Schüler:innen zuhause blieben und via digitaler Medien von den Lehrkräften zum schulischen Lernen angeleitet wurden. Die neue Situation konfrontierte sowohl Lehrer:innen als auch Schüler:innen mit zahlreichen Herausforderungen. Demzufolge ist in diesem Buch unter „Homeschooling" zu verstehen, dass Lehrkräfte via digitaler Medien den Schüler:innen Materialien und Strukturen vorgeben, damit diese erfolgreich Kompetenzen erwerben und entwickeln können – denn die gesetzliche Schulpflicht und das damit einhergehende Kinder- und Menschenrecht auf Bildung darf auch in Zeiten der Pandemie nicht verletzt werden.

In der öffentlichen Berichterstattung über das Homeschooling trat vor allem der fehlende Kontakt von Lehrkräften zu Heranwachsenden in den Vordergrund, gefolgt von Meldungen, dass Schüler:innen keine oder nur wenige Kompetenzen und Wissensbestände im Rahmen des Homeschoolings aufbauen konnten. Aktuelle empirische Studien zu Schule und Unterricht in dieser Krisenzeit sind mittlerweile vorhanden.[1] Sie zeigen beispielsweise Zufriedenheitsskalen von Eltern mit den Schulen während der Schulschließung[2] oder auch mögliche Bildungsverluste der Kinder aus bildungsfernen Familien.[3] Schulrechtliche Fragen zwangen Jurist:innen, Diskussionen darüber zu führen, was tatsächlich erlaubt oder gar unzulässig ist.[4] Dieser wenig ermutigenden medialen Darstellung versuchte man durch Impulse wie den „Deutschen Schulpreis Spezial" entgegenzuwirken, denn in der Tat gab es eine Vielzahl an Schulen und Lehrkräften, für die diese neue Lehr-Lern-Situation ein Weckruf in dem Sinne war, Bildung neu und anders zu denken, Freiräume zu suchen und neue Wege zu beschreiten. Eine Studie von Fickermann und Edelstein[5] kommt zu dem Ergebnis, dass die Pandemie das gesamte Bildungswesen vor große Herausforderung stelle, wobei ein Aufschwung der Technologie unerlässlich sei. Zudem gebe es Diskrepanzen der Bildungsgerechtigkeit und Chancengleichheit. Die Ergebnisse zeigen, dass beinahe die Hälfte der befragten Schüler:innen, Eltern, Schulleitungen und Schulaufsichtsbehör-

1 Vgl. u. a. Fickermann, Edelstein 2021, Mußmann, Hardwig, Riethmüller, Klötzer 2021.

2 Vgl. Fickermann, Edelstein 2021.

3 Vgl. Wößmann 2021.

4 Vgl. Größl, Hövelmann, Lodd 2020.

5 Vgl. Fickermann, Edelstein 2021.

den die Pandemie-Situation und die Beschulung als subjektive Belastung empfand. Studienergebnisse aus Deutschland, Schweiz und Österreich zeigen, dass 70 Prozent der Schüler:innen im Homeschooling keine digital unterstützte Live-Kommunikation hatten.[6] Haben Eltern einen niedrigen Bildungsabschluss bzw. sind sie alleinerziehend, so war die Belastung der Erziehungsberechtigten durch Schulschließungen zu Zeiten des bedingten Lockdowns signifikant höher.[7] Somit ist festzuhalten, dass Bildungsverluste durch Corona jene Schüler:innen weit stärker betreffen könnten, die in bildungsfernen Familien sozialisiert werden.[8] Weiter befürchten ein Drittel der Lehrer:innen negative Effekte für die Schüler:innen bezüglich des „Schullernens". Dass 10–30 Prozent der Lehrkräfte angeben, ihre Medienkompetenz als nicht ausreichend einzuschätzen, ist ebenfalls ein wichtiges Ergebnis vorliegender Studien.[9]

Forschung lebt von Erneuerung, Erschließung fremder Gebiete, Hineinfühlen in Nischen und der Dokumentation des Gesehenen. Eine zentrale Aufgabe ist der Wissenstransfer von der Forschung in die Praxis, wo die Erkenntnisse implementiert werden können, um Veränderungen zu begegnen. So stellt die Pandemie die Institution Schule vor neue Aufgaben, die sie in kürzester Zeit meistern soll. Gleichzeitig kann sie als Chance für Innovationen gesehen werden, um die Digitalisierungsprozesse im Bildungswesen zu forcieren.

Auf Basis dieser Erkenntnisse und Reflexionen suchten wir mit unterrichtenden Lehrkräften das Gespräch. Die nachfolgenden Ausführungen basieren auf einer Studie, die im Sommer 2021 durchgeführt wurde. Dabei wurden 979 Fälle von Unterrichtsmaterialien analysiert, die uns von den Lehrer:innen für die Analyse zur Verfügung gestellt wurden. Dieser nicht repräsentative Datensatz umfasst Unterrichtsmaterialien von 26 Lehrkräften aller Fächer.[10] Das Material wurde während der ersten beiden Lockdown-Phasen in der Zeit der Corona-Pandemie (Frühjahr 2020/Winter 2020/21) von Pädagog:innen verschiedener Fächer der Klassenstufen 5 bis 12 entwickelt und in der Praxis erprobt. Die Arbeitsmaterialien reichen von Unterrichtsentwürfen, Videos, Audios, Arbeitsanweisungen mit Erklärungen und Tests/Klassenarbeiten bis hin zu PowerPoint-Präsentationen oder Courselets (siehe ausführlich 2.1 Materialienpool). Die Materialien wurden dahingehend analysiert, welche bereits bekannten Merkmale guten Unterrichts sie aufgreifen, wie sie diese realisieren und welche möglicherweise neuen Merkmale oder neuen Akzentuierungen bereits bekannter Merkmale auffällig sind.

6 Vgl. Helm, Huber, Loisinger 2021.

7 Vgl. Zinn, Bayer 2021.

8 Vgl. Wößmann 2021.

9 Vgl. Helm, Huber, Loisinger 2021.

10 Fächer: Deutsch, Mathematik, Englisch, Latein, Französisch, Geographie, Geschichte, Religion, Sport, Biologie, Physik, Kunst, TC, Gesellschaft-Recht-Wirtschaft, Informatik, Profilstunde/Naturwissenschaften und Musik der Sekundarstufen I und II.

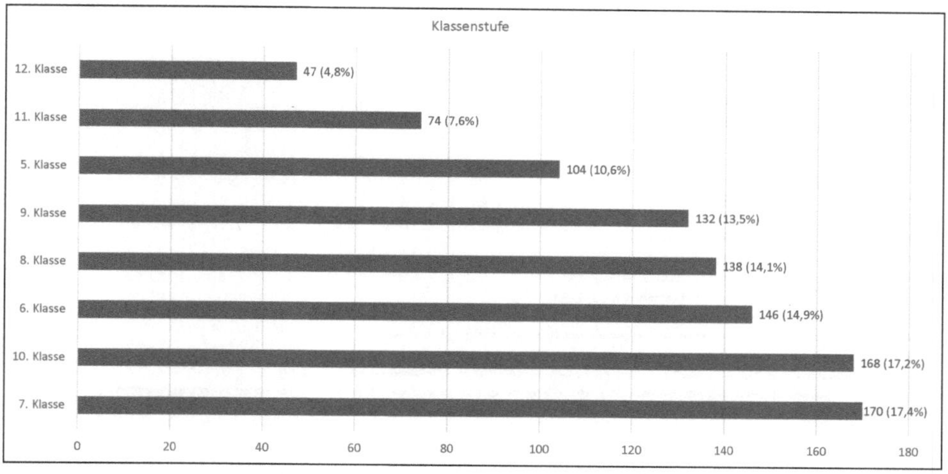

Abb. 1: Verteilung der Klassenstufen in der Untersuchungsstichprobe (N=979)

Zunächst möchten wir einen Überblick über die Struktur des analysierten Samples geben: Geordnet nach dem Geschlecht der Lehrkräfte, welche die Materialien erarbeitet haben, ist eine ausgewogene Verteilung erkennbar: 530 Materialien wurden von weiblichen und 449 Materialien von männlichen Lehrkräften erstellt. Die Untersuchungsmaterialien haben sich folgendermaßen nach Klassenstufen und Fach strukturiert: Abbildung 1 zeigt, dass die meisten Materialien aus den Klassenstufen 7 (n=170, 17,4%) und 10 (n=168, 17,2%) stammen. Die wenigsten Datensätze sind aus der Oberstufe, d.h. aus den Klassen 12 (n=47, 4,8%) und 11 (n=74, 7,6%), in die Untersuchung einbezogen worden.

Die Untersuchung im Hinblick auf die Fächer zeigt Abbildung 2. Die meisten Materialien liegen aus dem Fach Mathematik vor (n=162), gefolgt von Latein (n=110), Deutsch (n=106) und Englisch (n=102). Die meisten Materialien stammen somit aus den sogenannten „Hauptfächern". Am wenigsten Fälle sind aus den Fächern Technik/Computer (n=9), Französisch (n=17), Informatik (n=20) und Kunst (n=20) in die Untersuchung eingeflossen.

Das vorliegende Datenmaterial wurde nach Kategorien und Codes geordnet. Dabei wurde nach deduktivem und induktivem Vorgehen ein Kategoriensystem geschaffen und alle Materialien mithilfe von MAXQDA analysiert sowie codiert. Das Kategoriensystem beinhaltet neben Fach, Lehrergeschlecht und Klassenstufe folgende Kategorien und Codes:

Die Kategorie „Materialart" zeigt auf, welche Materialien die Lehrkräfte im Homeschooling für die Lernenden bereitgestellt haben (vgl. 2.1 Materialienpool).

Die Kategorie „Lernziele" (vgl. 2.2.1 Nennung und Begründung von Lernzielen) wurde aufgenommen und mit den Codes „werden genannt", sofern Lernziele in den Materialien aufgeführt wurden, codiert. Ist dieser Fall eingetreten, wurde weiter dahin-

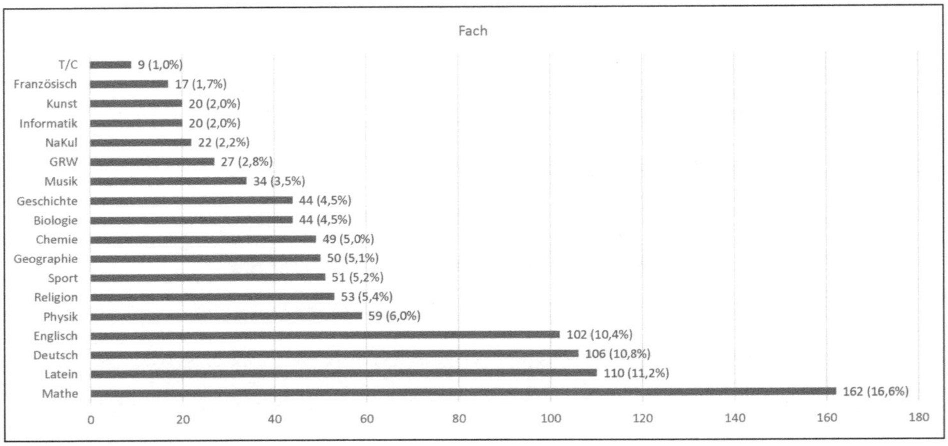

Abb. 2: Verteilung der Fächer in der Untersuchungsstichprobe (N=979)

gehend unterschieden, ob die Lernziele „begründet wurden". Sollte auch dieser Fall eingetreten sein, wurden zwei inhaltliche Begründungen codiert, zum einen „stehen in Verbindung mit Tests oder Prüfungen" und zum anderen „werden mit zentralen Vorgaben", womit die Rahmenlehrpläne des Bundeslandes für das Fach gemeint sind, begründet.

Die Kategorie „Dreischritt" (vgl. 2.2.2 Dreischritt – ist das noch up to date?) wurde aufgenommen. Hier wurde jedes Material codiert. Entweder wurde es dem Code „Einstieg/Erarbeitung/Ergebnissicherung" zugeordnet, wenn dieser didaktische Schritt im Material erkennbar oder sogar phasenweise damit überschrieben war. Oder es wurde mit dem Code „mehrere andere Phasen involviert" gekennzeichnet, wenn zwar eine phasige Strukturierung deutlich wurde, diese aber nicht dem Dreischritt entsprach. Auch wurde der Code „ist nicht gegeben" vergeben, wenn keine dreischrittige und keine freiphasige Strukturierung wie in den ersten beiden Codes beschrieben, erkennbar war.

Die Kategorie „Zeitangaben" (vgl. 2.2.3 Zeitangaben vs. Flexibilität) enthält vier Codes, nach denen jedes Material codiert wurde. Es wird unterschieden in Zeitangaben „für das gesamte Dokument vorgegeben" oder „je Aufgabenteil vorgegeben". Ersteres ist immer dann der Fall, wenn eine Zeitangabe zur Bearbeitung für das gesamte Material und zweites für jede Aufgabe einzeln vorzufinden ist. Weiter wurde unterschieden in „individuelle Bearbeitungszeiten", wenn die Kinder sich selbst die für die Bearbeitung notwendige Zeit nehmen sollten, und „sind nicht vorgegeben", wenn keine Zeitangaben verschriftlicht wurden.

Die Kategorie „Operatorenverwendung" (vgl. 2.2.4 Operatorenanwendung oder bewusster Verzicht?) greift die beiden Codes „Operatoren wurden verwendet" und „Operatoren wurden nicht verwendet" auf. Hier wurde jedes Material dahingehend codiert, ob die Lehrkräfte mit Operatoren gearbeitet oder (eher) darauf verzichtet haben.

Die Kategorie „Strukturierung" (vgl. 2.2.5 Strukturierung der Lernmaterialien) wurde nur dann codiert, wenn das Material mindestens eines der beiden hier aufgeführten Elemente besitzt. Der Code „erläuternde Einführung" wurde vergeben, wenn das Material mehrere Sätze aufwies, die die Lernenden ansprachen und sie in die Materialarbeit einleiteten. Der Code „sinnvoller Abschluss" wurde vergeben, wenn das Material mehrere Sätze aufwies, die am Ende der Materialarbeit das Gelernte abrundeten, Wesentliches zusammenfassten, auf Zukünftiges verwiesen oder einfach „Small-Talk" von Seiten der Lehrkraft aufzeigten.

Die Kategorie „Unterrichtsmethode" (vgl. 2.2.6 Unterrichtsmethode) enthält eine Vielzahl an Möglichkeiten der didaktischen Gestaltung des Homeschoolings. Hier wurden verschiedene methodische Ansätze in je einen Code transformiert, z. B. Freiarbeit, Projektarbeit, Einzelarbeit. Auf die Vielzahl der Codes und Beispiele dafür wird im hier verwiesenen Kapitel dezidiert eingegangen. Der Code wurde mindestens einmal je Material vergeben. Sollte das Material unterschiedliche methodische Elemente z. B. je nach Unterrichtsphase enthalten, wurden Codes auch mehrfach und verschieden innerhalb des Materials vergeben.

Die Kategorie „Schüler:innenaktivierung" (vgl. 2.2.7 Schüler:innenaktivierung) enthält 9 Kategorien. Jede Unterrichtsmethode wurde daraufhin untersucht, welche Art von Aktivierung sie bei den Lernenden hervorruft. Unterschieden wurde hinsichtlich einer kognitiven Aktivierung, wenn es sich hauptsächlich um Denkleistungen handelt, die zu erbringen sind, z. B. das Abarbeiten einer Reihe von schriftlichen Divisionsaufgaben, und einer emotionalen Aktivierung, wenn beispielsweise Gefühle während einer bestimmten Tätigkeit beschrieben werden sollten. Weiter wurde eine reflexive Aktivierung, d. h. wenn beispielsweise Lernprozesse retrospektiv analysiert werden sollten, und eine interaktive bzw. soziale Aktivierung, wenn Lernprozesse in Auseinandersetzung mit anderen Menschen vollzogen werden sollen, unterschieden. Der Code „kreativ" wurde vergeben, wenn Aufgaben es erfordern, dass die Lernenden zeichnen, musikalisch tätig werden, sich neue Dinge ausdenken und/oder ausprobieren. Der Code „motorisch" wurde angewandt, wenn die Lernenden sich im Rahmen einer Aufgabe grob- oder feinmotorisch bewegen mussten, z. B. basteln oder auch springen, laufen oder sich dehnen sollen. Im Code „Experiment" wurden Aufgaben codiert, bei denen die Lernenden eigenständig Versuche mit häuslichen Mitteln (meist Lebensmitteln) oder Beobachtungen in der freien Natur durchführen sollten. Der Code „Challenge" wurde vergeben, wenn Lehrkräfte explizit Schüler:innen herausforderten, mit Aufgaben an ihre Grenzen zu gehen und sich Herausforderungen zu stellen. Des Weiteren wurde der Code „andere" angewandt, wenn es Formate gab, die in keine der vorliegenden Codes gepasst haben.

Die Kategorie „Wiederholung und Übung" (vgl. 2.2.8 Zur Bedeutung von Wiederholung und Übung) wurde mit dem Code „sind gegeben" nur in einem Material vergeben, wenn dieses Material mindestens eine Phase aufwies, die ausdrücklich der Wiederholung von Themen, Kompetenzen oder Übungen aus vergangenen Unterrichtseinheiten enthielt oder es Aufgaben gab, die als Übung überschrieben waren.

Die Kategorie „Differenzierung/Individualisierung" (vgl. 2.3 Inklusives Lernen im Homeschooling) umfasst vier Codes. Ein Code dieser Kategorie wurde dann vergeben, wenn das Material mindestens einen Teil aufwies, der auf die Beschreibung dieses Codes zutrifft. Auch ist es möglich, dass ein Material je Aufgabenteil verschieden mit einem Code aus dieser Kategorie belegt wird. Anwendung finden die Codes „Freie Aufgaben und eigene Schwerpunkte" (vgl. 2.3.1 Freie Aufgaben und eigene Schwerpunktsetzungen), wenn die Lernenden Aufgaben erhielten, die Spielraum für eigene Schwerpunktlegungen enthalten und offen gestaltet wurden, und „Wahlaufgaben" (vgl. 2.3.2 Wahlaufgaben), wenn die Lernenden mehrere Aufgaben erhielten, zwischen denen sie auswählen durften. Ein weiterer Code meint „Vertiefungs- und Expert:innenaufgaben" und wurde vergeben, wenn Lernende Aufgaben bekamen, die über das grundständige Üben hinausgehen und eine intensive Auseinandersetzung auf einem erhöhten Niveau forderten. Der Code wurde nur vergeben, wenn dieses erhöhte Niveau auch von den Lehrkräften ausgewiesen wurde. Der Code „verschiedene Anspruchsniveaus" wurde vergeben, wenn die Lehrkräfte den Lernenden Aufgaben zur Verfügung stellten, die verschiedene Anforderungen an sie stellten und die Lernenden selbst entscheiden sollten, ob sie sich mit einem eher herausfordernden Material oder einem Material mit Hilfestellungen oder einfacheren Aufgaben auseinandersetzten. Auch war es möglich, dass mehr als zwei Niveaustufen unterschieden wurden.

Die Kategorie „Reflexion der Kompetenzorientierung" (vgl. 2.3.7 Reflexion zur Kompetenzentwicklung) wurde nur dann codiert, wenn das Material mindestens einen Teil besitzt, bei dem die Lernenden in das Reflektieren hinsichtlich der von ihnen entwickelten Kompetenzen einbezogen wurden.

Die Kategorie „Lernumgebung" (vgl. 2.4 Unterstützung beim Lernen) wurde nur dann codiert, wenn das Material Hinweise für die Unterstützung des Lernenden in der Form gibt, dass die Lehrkraft beispielsweise beschreibt, welche Arbeitsutensilien gebraucht werden. In diesem Fall wurde der einzige Code „Unterstützung bei Selbstorganisation" vergeben.

Die Kategorie „Nachfragen" (vgl. Kapitel 2.4) wurde nach dem gleichen Prinzip wie die beiden vorangegangenen vergeben, d.h. nur dann, wenn die Lehrkraft im Material es an mindestens einer Stelle den Lernenden ermöglicht, sie in irgendeiner Weise bei der Bearbeitung der Aufgaben zu kontaktieren (z.B. via Mail, Chat, Videomeeting). In diesem Fall wurde der einzige Code „Möglichkeiten für Nachfragen sind gegeben" vergeben.

Die Kategorie „motivierende Elemente" enthält vier Codes. Jedes Material wurde mit einem dieser Codes versehen. Der Code „nein" wurde vergeben, wenn das Material keine motivierenden Elemente enthält. Als motivierende Elemente wurden Sätze oder Bilder definiert, die den Lernenden Mut und Freude geben sollen. Es sind Aussagen, die meist in Imperativform verfasst wurden und die Lernenden dazu anregen sollen, die Aufgaben mit Schwung und positiven Gefühlen anzugehen. Einer der verbleibenden drei Codes wurde dann vergeben, wenn es motivierende Elemente gab. In diesem Fall wurde dahingehend unterschieden, wie viele motivierende Elemente je Material vorliegen. Entsprechend wurde dann der Code „ja, 1 Element", „ja, 2–5 Elemente" oder „ja, mehr als 5 Elemente" vergeben.

Die Kategorie „Leistungserwartungen" (vgl. 2.6 Leistungserbringung im Homeschooling) enthält drei Codes. Sie wurden nur dann verwendet, wenn es im Material Hinweise dafür gab, dass die Lernenden bestimmte Leistungen derart zu erbringen hatten, dass sie mit einer Benotung darauf rechnen mussten. Sollte dieser Fall gegeben sein, wurde der Code „werden angekündigt" vergeben. Ist dies eingetreten, wurde unterschieden zwischen „es wird eine Form ermöglicht", d. h. alle Schüler:innen mussten die gleiche Form der Leistungserbringung realisieren, und „verschiedene Formen werden ermöglicht", d. h. dass die Lernenden selbst wählen konnten, welche Form der Leistungserbringung sie (unter vorgegebenen Formen) erbringen möchten. Es zeigte sich, dass es sowohl schriftliche Lernerfolgskontrollen z. B. in Form von Tests und Klassenarbeiten als auch Leistungserbringungen in Form von Einsendeaufgaben und Stundennachweise im Homeschooling gibt (vgl. 2.6.1 Einsendeaufgaben und Stundennachweise sowie 2.6.2 Lernerfolgskontrollen).

Die Kategorie „Regelklarheit" wurde mit dem Code „Termine und Abgaben sind klar geregelt" (vgl. 2.6.3 Termine und Abgaben, Ankündigung von Leistungserbringungen) nur dann vergeben, wenn im Material an mindestens einer Stelle deutlich wurde, dass Termine und/oder die Art und Weise einer Abgabe (Zusendung via Mail, Einstellung auf dem Portal o.a.) definiert wurde.

Die Kategorie „Beziehungsarbeit"[11] (vgl. 2.7 Beziehungsarbeit) enthält fünf Codes. Ein Code wurde nur dann vergeben, wenn im Material an mindestens einer Stelle deutlich wurde, dass diese Art von Beziehungsarbeit im Homeschooling geleistet wird. Unterschieden wird zwischen dem Code „direkte Ansprache", wenn die Lernenden konkret angesprochen wurden – entweder als Gemeinschaft oder auch einzeln – (vgl. 2.7.1 Direkte Ansprachen und Beziehungsarbeit) und der Code „Resilienz stärken", wenn die Lehrkräfte Worte, Aufgaben oder Formate ermöglichten, die dazu dienen könnten, die Heranwachsenden physisch und/oder psychisch zu stärken, sodass sie die Herausforderungen einer Pandemie bewältigen können (vgl. 2.7.2 Resilienzförderung in Krisenzeiten). Der Code „Anwendung im Alltag" wurde vergeben, wenn eine Auf-

11 An dieser Stelle möchten wir auf Folgendes hinweisen: Insbesondere bei der Beziehungsarbeit und Kontaktaufnahme mit den Schüler:innen sind auf datenschutzrechtliche Richtlinien zu achten. Lehrkräfte können sich in einem Dilemma befinden, wenn es darum geht, den Kontakt aufrechtzuerhalten bzw. zu fördern und zugleich sämtliche Grundsätze der Datenschutzgrundverordnung (DSGVO) zu berücksichtigen.

gabe so gestellt wurde, dass die Lernenden ihr Wissen unmittelbar in den alltäglichen Gebrauch transferieren sollten (vgl. 2.7.3 Anwendung des Gelernten im Alltag – sonst brauche ich es nicht). Die beiden Codes „Zuversicht geben" und „Freude am Lernen vermitteln" wurden vergeben, wenn beim ersten Code die Lehrkraft den Lernenden aufzeigt, dass sie beispielsweise bald sicherlich wieder gemeinsam lernen werden, oder beim zweiten Code vermittelt, inwiefern und wodurch die Auseinandersetzung mit Themen ein freudiges Erlebnis für die Schüler:innen werden kann (vgl. 2.7.4 Lernen braucht positive Gefühle).

Die Kategorie „Gemeinschaft" wurde mit dem Code „Klassengemeinschaft wird hergestellt/gelebt" (vgl. 2.8 Gemeinschaft im Homeschooling – ja, unbedingt!) nur dann vergeben, wenn im Material deutlich wurde, dass gemeinsame Erlebnisse und/oder gemeinsames Lernen durch die Lehrkraft forciert wurde.

Die Kategorie „Feedback" wurde mit dem Code „SuS haben die Möglichkeit der Evaluation des Bildungsprozesses" (vgl. 2.9 Evaluation und Feedback im Homeschooling) nur dann vergeben, wenn die Lehrkraft den Lernenden an mindestens einer Stelle im Material die Möglichkeit eingeräumt hat, dass diese das Lernmaterial bewerten dürfen. Dabei ist offen, ob diese Bewertung tabellarisch, mit Zahlen oder in verbaler Form gewünscht wird.

Im Folgenden werden wir die Materialien nach den theoretisch fundierten Schwerpunkten analysieren und so aufarbeiten, dass sie für die praktische Bildungsarbeit nutzbar sind. Sie sollen als Inspiration dienen und Lehrkräfte dazu animieren, mögliche weitere Phasen des Homeschoolings attraktiv und effektiv zu gestalten. Das kann im Rahmen der generellen Bildungsaufgaben sein, aber auch in Phasen der Abwesenheit einzelner Schüler:innen (z. B. aufgrund von Krankheit oder Auslandsaufenthalten der Eltern). Ziel ist es, das Digitalmaterial in den einzelnen Fachbereichen ebenso abwechslungsreich wie förderlich für die Persönlichkeitsentwicklung der Heranwachsenden zu gestalten. Dazu werden wir teilweise Beispiele aus der Studie übernehmen und teilweise werden wir sie weiterentwickeln. Die Darstellung der Beispiele erfolgt beschreibend (zum Teil unterstützt durch quantitative Auswertungen) sowie analytisch. Die Anregungen bereiten wir kurz, prägnant und übersichtlich auf, um gezielt Impulse zur Weiterentwicklung zu geben. Wir wollen kein fertiges Produkt anbieten, sondern den Leser:innen Raum für Ideenentwicklung und Reflexion eröffnen. Die folgenden Seiten sind daher als Inspiration zu sehen, die Möglichkeiten aufzeigen oder auch zur Generierung gänzlich neuer Ideen weit darüber hinaus anregen.

Das Buch ist wie folgt aufgebaut. Im ersten Teil werden verschiedene Material- und Medienarten beschrieben, wie sie im Rahmen der Studie aufgetreten sind. Im Anschluss folgt eine Analyse des didaktischen Aufbaus dieser Materialien. Diese konzentriert sich vorwiegend auf die Lernziele und ihre Aufbereitung: Wird der aus dem Präsenzunterricht bekannte Dreischritt des Lernens umgesetzt? Werden konkrete Zeitvorgaben für die Lernprozesse gemacht? Inwiefern wird mit Operatoren gearbeitet oder wird möglicherweise (bewusst) darauf verzichtet? Welche Unterrichtsmethoden kommen zur Anwendung und inwiefern werden die Schüler:innen dabei auf verschiedenen Ebenen wie Motorik, Kognition, emotionale oder soziale Kompetenzebene aktiv? Schließlich wird untersucht, inwiefern Wiederholungs- und Übungsphasen in den Materialien eingebaut werden. Dabei können wir nur Erkenntnisse aus den vorliegenden Materialien selbst generieren, da keine ergänzenden Datenerhebungen (wie z. B. Interviews mit den Lehrkräften) zur Verfügung stehen.

An die Lernzielanalyse schließt sich ein weiterer Untersuchungsschwerpunkt an, der das inklusive Lernen fokussiert. Darunter wird hier verstanden, dass jedes Kind und jede:r Jugendliche in seinen bzw. ihren Potenzialen gefördert wird. Die Materialien werden daher hinsichtlich freier Aufgabenformate und eigener Schwerpunktsetzungen einerseits sowie Wahl-, Vertiefungs- und Expert:innenaufgaben andererseits untersucht. Zudem werden die Möglichkeiten von differenzierten Aufgaben für die verschiedenen Niveaustufen herausgearbeitet.

In weiteren Untersuchungsschwerpunkten wird dann verfolgt, inwiefern die Lernenden Unterstützungsmöglichkeiten durch Lehrkräfte erhalten und wie Pädagog:innen die Schüler:innen im Homeschooling motivieren. Darüber hinaus zeigen wir verschiedene Formen der Leistungserbringung im Homeschooling auf: Diese reichen von Einsendeaufgaben und Stundennachweisen bis hin zu Möglichkeiten wie Tests und Klassenarbeiten.

Im letzten Teil des Buches schließlich widmen wir uns der Beziehungsarbeit und Gemeinschaft. Das meint, dass die Materialien dahingehend untersucht werden, wie sie Beziehungen aufbauen, aufrechterhalten und weiterentwickeln wollen. Pädagogische Beziehungen, die wertschätzend gestaltet werden, werden dabei als Grundstein gelingender Bildungsarbeit angesehen, denn Unterricht ist Beziehungssache, auch im Homeschooling.

In diesem Buch werden Beispiele aufgearbeitet. Zu jedem Beispiel wird akzentuiert in einem kleinen Kasten darauf hingewiesen, welche interessanten Impulse geboten werden, die ggf. aufgegriffen und weitergedacht werden können. Die dargestellten Beispiele aus den Unterrichtsmaterialien sind als direkte Zitate eingefügt worden. Es folgte die Übernahme aus der Originalquelle, sodass größtenteils keine Veränderung des Materials geschah.

Gerade im Rahmen der Pandemie ist auch eine gewisse Resilienz wichtig. Daher werden die Materialien auch dahingehend untersucht, inwiefern sie Resilienz (im Sinne einer Stärke, schwierige Situationen zu meistern) bei den Schüler:innen fördern, um der Kritik entgegenzutreten, dass Homeschooling das soziale und emotionale Lernen der Schüler:innen nicht fördern könne.

Da guter Unterricht immer auch das Feedback und die Evaluation der Lernenden einschließt, wird im letzten Teilkapitel dargelegt, wie Lehrkräfte dies im Rahmen des Homeschoolings in dieser Studie realisiert haben.

Zuletzt werden im Ausblick zentrale Erkenntnisse aus der Studie pointiert sowie Leerstellen markiert. Wir stellen erste Ideen für Weiterentwicklungsmöglichkeiten des Homeschoolings vor und zeigen gleichzeitig auf, wo mögliche Grenzen gelegt sein könnten.

Es soll noch erwähnt werden, dass einige Stellen im Buch für manche Pädagog:innen womöglich selbstverständlich sind. Beispielsweise ist es im gewöhnlichen Schulalltag für viele Lehrpersonen selbstverständlich, Schüler:innen zu gegebenen Anlässen zu loben oder zu motivieren. Aber ein schlichtes „Gut gemacht, Kim!“ ist im persönlichen Miteinander schneller ausgesprochen als im digitalen Kontext. Manche Textstellen könnten daher kritisch betrachtet werden. „Motivationssprüche“ zusammenzufassen, obwohl der gesunde „Menschenverstand“ hier mitunter genügen würde, ist an dieser Stelle beabsichtigt. Wir möchten damit noch einmal verdeutlichen bzw. die Leser:innen animieren, sich immer wieder bewusst zu werden, dass sehr wohl ein Unterschied zwischen Unterricht im Klassenzimmer und Onlineunterricht existiert. Der Unterschied zwischen Schulunterricht und Homeschooling ist der zentrale Punkt dieses Buches.

2. Bildung gestalten im Homeschooling

Digitalen Unterricht zu besuchen oder zu gestalten, birgt Herausforderungen. Verfügt jede:r über eine geeignete Internetverbindung? Ist davon auszugehen, dass jeder Haushalt ein funktionierendes Endgerät für den Onlineunterricht besitzt? Sind die digitalen Kompetenzen von Lehrkraft und/oder Schülerschaft ausreichend? Eine 2020 veröffentliche Studie zu Schule in Corona-Zeiten zeigt hinsichtlich Zugang zu Lernmaterial gravierende Unterschiede auf.[12] Je nach Schultyp und Schulträger differiert die Kluft. Beispielsweise hatten Gymnasialschüler:innen während des ersten Lockdowns häufiger Unterricht per Videokonferenz als andere Sekundarschüler:innen. Solche Unterschiede fußen auf keinen pädagogisch begründbaren Erkenntnissen, aber sie verstärken Bildungsungleichheiten. Bedeutsam ist aber auch didaktisch gut konzipiertes Lernmaterial, denn guter Unterricht braucht eben auch gute Materialien. In Zeiten von Digitalisierung und Homeschooling sind neben der Ressourcenverfügbarkeit daher auch Qualitätskriterien im digital-interaktivem Bereich für die erfolgreiche Vermittlung von Inhalten und Kompetenzen entscheidend. Anders als die Bereitstellung technischer Mittel ist die geeignete Auswahl von nützlichen Lernmitteln in digital unterstützten Lernprozessen eine Anforderung an Lehrer:innen.

2.1 Materialienpool

In der vorliegenden Studie wurden Materialien von Lehrkräften der qualitativen Inhaltsanalyse nach Mayring[13] unterzogen und computerunterstützt mit dem Programm MAXQDA ausgewertet. Die Analyse ist auf schriftliche Materialien beschränkt. Video- und Audio-Dateien wurden quantitativ einbezogen, aber nicht interpretativ bearbeitet. In weiterführenden Studien könnten diese Video- und Audio-Dateien genauer untersucht und aufgearbeitet werden. In der vorliegenden Studie wurden folgende Materialien analysiert:

- Aufgabenplan: Lehrkräfte haben meist in übersichtlicher Form für jede Unterrichtsstunde eines bestimmten Zeitfensters Aufgaben notiert, die die Schüler:innen bearbeiten sollen; oftmals mit Verweis auf Lehrbücher oder Arbeitshefte
- Aufgabenpaper mit Anleitung: Lehrkräfte führen die Schüler:innen zu Unterrichtsthemen und -auseinandersetzungen in eigenen Worten hin; sie erläutern Zusammenhänge und versuchen die Schüler:innen für eine Beschäftigung mit den

12 Vgl. Huebener, Spieß, Zinn 2020.

13 Vgl. Mayring 2000.

Inhalten zu motivieren; zudem geben sie den Schüler:innen Aufgaben, um das Erklärte zu üben, zu wiederholen und/oder zu vertiefen

- PowerPoint-Präsentationen mit Aufgaben: in diesem Format wird ein ähnliches Vorgehen wie beim „Aufgabenpaper mit Anleitungen“ realisiert
- Erklärpaper: Lehrkräfte erläutern den Schüler:innen wichtige Themen und Inhalte zu Unterrichtsthemen und -auseinandersetzungen in eigenen Worten
- Courselet: Lehrkräfte erstellen E-Learning-Module, mit Hilfe derer die Lernenden interaktiv ihre Bildungsprozesse gestalten; dabei wird die Vermittlung in Form von Text, Bild und Ton gestützt; auch eine Wissensüberprüfung mit zugehörigem Feedback ist möglich
- Spiel: Lehrkräfte lassen die Schüler:innen Materialien erstellen oder geben diese bereits fertig an sie, mit denen sie in spielerischer Form Kompetenzen üben und/oder wiederholen können
- Quiz: Lehrkräfte erstellen Fragen mit oder ohne Antwortmöglichkeiten, die die Schüler:innen in Form von Quiz spielen können
- Interaktive Aufgaben: Lehrkräfte erstellen Learning Apps und anderes, damit die Schüler:innen Aufgaben interaktiv bearbeiten und die Lösungen abschließend einsehen können
- Website: Lehrkräfte verweisen in ihren Lernmaterialien auf externe Websites, auf denen die Schüler:innen weiterführende Informationen und/oder Videomaterialien zur Erläuterung des Unterrichtsthemas finden; häufig geben die Lehrkräfte dabei QR-Codes an, damit die Schüler:innen die Websites schnell und unkompliziert aufrufen können
- Test und Klassenarbeit: Lehrkräfte geben Leistungsüberprüfungen an die Schüler:innen, die diese in bestimmten Zeiten und Formaten auszufüllen und zurückzusenden haben
- Padlet (Materialsammlungen und Diskussionen): Lehrkräfte stellen Onlinematerial für Schüler:innen zur Verfügung, die diese bearbeiten und in Diskussionen einbinden; diese Diskussionen führen sie asynchron durch
- Lernheft: Lehrkräfte erstellen Lernhefte aus Text, Bild und Ton, die den Schüler:innen kompakt Unterrichtsthemen näher bringen; zudem enthalten die Lernenden verschiedene Aufgaben, die zu bearbeiten sind
- Bastelmaterialien: Lehrkräfte stellen den Schüler:innen verschiedene Materialien zur Verfügung (z. B. Ausschneide- und Bastelbögen), die die Kinder ausdrucken und bearbeiten können, um Lerninhalte anschaulich zu gestalten; ggf. leiten die Lehrkräfte die Schüler:innen auch zum Basteln mit Haushaltsutensilien an
- Videokonferenz: Lehrkräfte treffen sich in virtuellen Räumen mit den Schüler:innen, erläutern Unterrichtsinhalte, führen Gespräche und Diskussionen und erörtern gemeinsam mit den Heranwachsenden mögliche Herausforderungen im Homeschooling
- Audio: Lehrkräfte erstellen Hördateien zu Unterrichtsthemen für ihre Schüler:innen, die diese hören können; diese meinen oftmals Erläuterungen zu Themen und

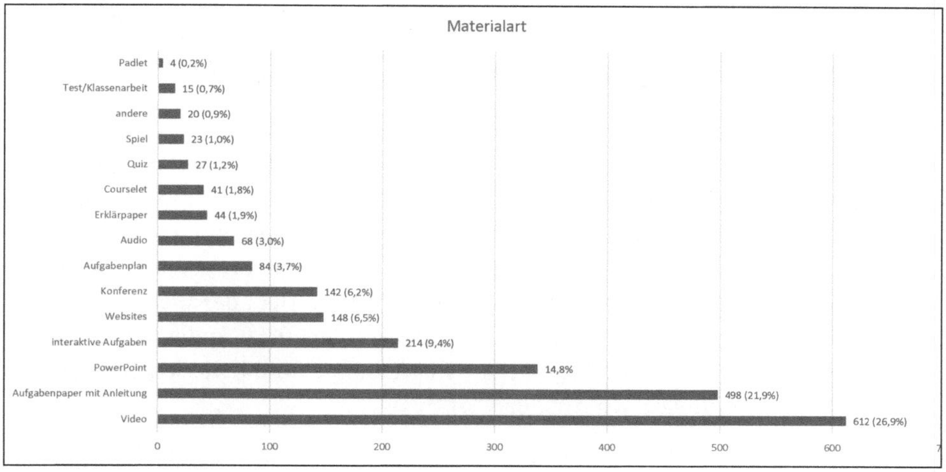

Abb. 3: Verteilung der Materialarten in der Untersuchungsstichprobe (Mehrfachcodierung; N= 2.290)

Aufgabenbearbeitungen; ggf. sind sie auch als Einführung in Unterrichtsstunden konzipiert

- Video (selbsterstellte und vorhandene): Lehrkräfte verweisen auf im Internet existierende Videos, die zum Unterrichtsthema passen und für die Schüler:innen relevant sein können; eine zweite Möglichkeit besteht darin, dass Lehrkräfte selbst Videos erstellen, in denen sie Unterrichtsinhalte erläutern, veranschaulichen oder Aufgaben erklären

Die obig genannten Formen werden unterschiedlich häufig von den Lehrkräften genutzt (vgl. Abbildung 3). Auch werden innerhalb eines Materials, z. B. einem Aufgabenpaper mit Anleitungen, verschiedene weitere Medienformen, wie beispielsweise Audios oder Videos, eingebunden. Dadurch ergibt sich eine Gesamtzahl von 2.290 Materialarten. Die folgende Auswertung veranschaulicht, wie häufig die verschiedenen Formen der Themenaufbereitung und Kompetenzentwicklung im Rahmen der Studie verwendet wurden.

Die Ergebnisse der Studie verdeutlichen, dass vor allem Videos (26,9%, n=612) und Aufgabenpaper mit Anleitungen (21,9%, n=498) erstellt und den Schüler:innen zur Verfügung gestellt wurden. Ebenfalls häufig wurden PowerPoint-Präsentationen mit Erklärungen und Aufgaben (14,8%, n=338) sowie interaktive Aufgaben (9,4%, n=214) für die Lernenden aufbereitet. Seltener wurden externe Websites (6,5%, n=148) oder Videokonferenzen (6,2%, n=142) für den Online-Unterricht genutzt. Reine Aufgabenpläne (3,7%, n=84) ohne weitere Erläuterungen oder Erklärpaper ohne Aufgaben (1,9%, n=44) bzw. Courselets (1,8%, n=41) wurden noch seltener verwendet. Alle anderen aufgeführten Formen aus der Grafik spielen eine noch untergeordnetere Rolle in der Häufigkeit der Materialien im Rahmen dieser Studie.

2.2 Grundlagen der Unterrichtsqualität: Konzeption und Prinzipien gelingenden Lehrens und Lernens im Homeschooling

Was ein guter Unterricht ist, beschäftigt die Wissenschaft seit langer Zeit. Dass diese Überlegungen auch auf Formate wie das Homeschooling übertragen werden müssen, ist jedoch eine Herausforderung, die erst durch die Corona-Pandemie 2020/21 gestellt wurde. Dabei gilt es zu berücksichtigen, dass es per se *den guten Unterricht* vermutlich nicht gibt, wie auch Meyer anmerkt: „Es gibt keinen Unterricht der Welt, der ‚an sich' gut ist. Vielmehr müssen […] Fragen beantwortet werden, für wen der Unterricht gut sein soll, für welche Fächer und für welche Zielstellungen die Kriterien gelten sollen und schließlich, wofür sie taugen sollen […].[14]

Ausgangspunkt für die Analyse der Daten des Materialkorpus aus dem Homeschooling sind wissenschaftliche Auseinandersetzungen zu gutem Unterricht von Meyer (2014), Helmke (2015) und Hattie (2021). Diese finden sich auch in den folgenden Teilkapiteln wieder. Diese ersten Untersuchungen liefern Anhaltspunkte für die Umsetzung von Kriterien eines guten Unterrichts im Homeschooling. Weitere Analysen sollten folgen, beispielsweise gezielt nach den von Meyer angedachten Bereichen der Adressat:innen von Unterricht, der Fachbesonderheiten und der Zielstellungen. Dies kann im Rahmen der vorliegenden Studie nicht geleistet werden.

2.2.1 Nennung und Begründung von Lernzielen

Laut Hattie sollen sowohl die Lehrperson als auch die Lernenden die Lernintentionen sowie die Erfolgskriterien für ihre Unterrichtsstunden kennen.[15] Auch Helmke sieht als ein Qualitätsmerkmal von Klarheit und Strukturierung im Unterricht die Mitteilung der Unterrichts- und Lernziele.[16] Im Präsenzunterricht arbeiten Lehrkräfte daher mitunter so, dass sie zu Stundenbeginn die Ziele der anstehenden Unterrichtsstunde den Schüler:innen benennen, sie an die Tafel oder andere Medien schreiben bzw. schreiben lassen oder auch in Diskussionen gemeinsam mit den Schüler:innen die Ziele festlegen. Es stellt sich die Frage, wie dies im Homeschooling gestaltet wird. Legen die Lehrkräfte Wert darauf, dass die Schüler:innen die Ziele der anstehenden Lernprozesse kennen? Begründen sie die Ziele mitunter auch? Der folgende Einblick in die Ergebnisse der Studie gibt hierzu Aufschluss (siehe Abbildung 4).

Die Ergebnisse der Studie zeigen, dass in knapp der Hälfte der analysierten Materialien (n=426, 43,5%) eine klare Benennung der Lernziele erfolgt. Seltener werden diese begründet (n=120, 12,3%). Diese Begründungen stehen in 28 Fällen (3%) in einer

14 Meyer 2014:11.

15 Vgl. Hattie 2021:21.

16 Vgl. Helmke 2015:198.

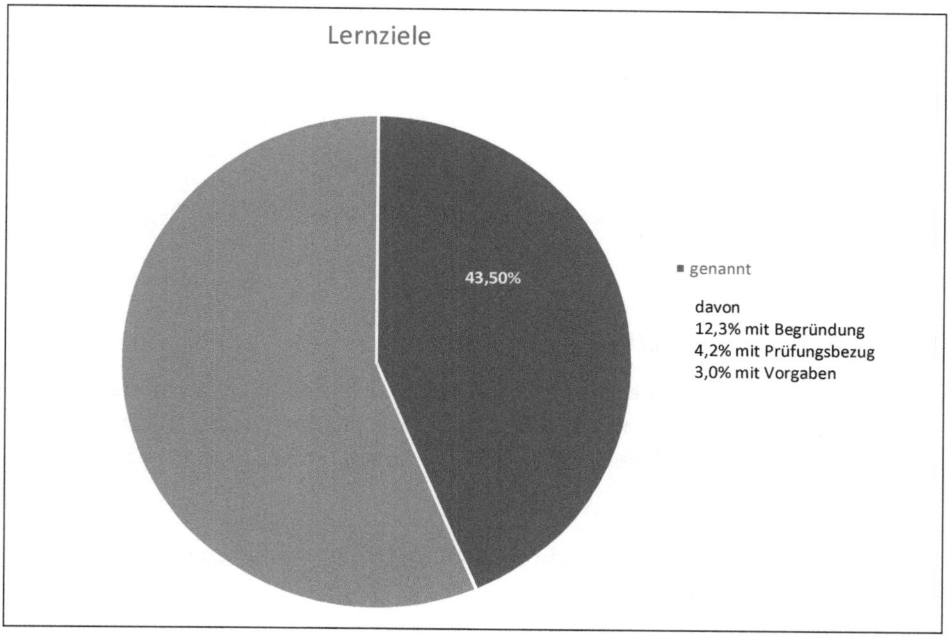

Abb. 4: Nennung der Lernziele (N=979)

Verbindung mit zentralen Vorgaben des Rahmenlehrplans und in 41 Fällen (4,2%) mit anstehenden Leistungserbringungen wie Tests und Klassenarbeiten.

Anhand der folgenden Beispiele soll verdeutlicht werden, wie Lehrkräfte die Nennung und ggf. Begründung der Lernziele im Homeschooling gestalten:

Beispiel 1: Lernziele/5. Kl./Deutsch

Hallo meine lieben Schülerinnen und Schüler,

ihr habt mir eure Texte geschickt und ich habe eure schönen Texte gründlich gelesen. Bei der Korrektur habe ich gesehen, dass ihr für einen besseren Ausdruck in den Aufsätzen ein bisschen Übung braucht. Nun ist es dran, euch beim Schreiben zu verbessern und dafür ist das erste Thema „den Ausdruck trainieren – Inhalte richtig in Worte fassen".

▹ Lernziele werden mit derzeitigem Kompetenzstand der Schüler:innen begründet.

Beispiel 2: Lernziele/5. Kl./Geographie

Großes Lob an euch: die Bevölkerungsdichte habt ihr gut im Griff.

Bei der Lagebeschreibung fühlen sich noch viele unsicher, deshalb werden wir heute das Thema noch einmal aufgreifen.

- ▹ Lernziele werden mit derzeitigem Kompetenzstand der Schüler:innen begründet.

Beispiel 3: Lernziele/9. Kl./Deutsch

Heute, morgen und nächste Woche erfährst du noch einmal ganz konkret, worum es in Lessings Drama „Nathan der Weise" geht, was die Ringparabel ist und auch generell, warum dieses Werk beispielhaft für eine Epoche steht, in der zu Toleranz und Vernunft aufgerufen wurde.

- ▹ Lernziele werden mit Allgemeinwissen und der Entwicklung einer Haltung begründet.

Beispiel 4: Lernziele/6. Kl./Deutsch

Am letzten Freitag habt ihr euer Wissen rund um das Nomen/Substantiv aufgefrischt. Heute wollen wir dieses wiederholen. Außerdem geht es wie angekündigt darum, wie uns dieses Wissen bei der Rechtschreibung helfen kann.

- ▹ Lernziele werden mit der Notwendigkeit von Wiederholung begründet.

Beispiel 5: Lernziele/7. Kl./Physik

Liebe Klasse 7,

wer hat sich beim Aussteigen aus dem Auto nicht schon einmal einen elektrischen Schlag geholt? Wer muss nicht schmunzeln, wenn man bei einem Kind einen Luftballon an den Haaren reibt und diese dann zu Berge stehen?

Oder es knistert beim Ausziehen eines Wollpullovers.

Oder oder oder …

Es gibt viele Beispiele, die das Vorhandensein von Elektrizität zeigen. Was ist aber die Voraussetzung für diese Phänomene? Das klären wir heute.

- ▹ Lernziele werden mit Alltagsbeobachtungen und deren Verstehen-Wollen begründet.

Beispiel 6: Lernziele/7. Kl./Mathematik

Liebe Kinder,

wir werden uns heute zuerst mit der Division rationaler Zahlen beschäftigen. Da die Theorie nicht zu viel Platz einnimmt, bekommt ihr danach noch verschiedenartige Übungsaufgaben zu allen vier Grundrechenarten.

Das Beherrschen des Rechnens mit rationalen Zahlen ist eine Grundvoraussetzung für die Mathematik weit über eure Schulzeit hinaus. Nehmt euch also die Zeit zum Festigen der Rechenregeln!

▹ Lernziele werden mit der Notwendigkeit der zu erlernenden Kompetenz im Alltag begründet.

Beispiel 7: Lernziele/8. Kl./Informatik

Wir kommen nun zum letzten großen Themengebiet in Info/LM in diesem Jahr. Ich habe die Themengebiete aus Info (Informationen repräsentieren) und LM (Medienproduktion) zusammengelegt. Wir werden uns hier hauptsächlich mit der Verwendung von Tabellenkalkulationsprogrammen und Textverarbeitung beschäftigen. Ich werde dabei die Textverarbeitung in den Präsenzunterricht legen, da wir uns dort hauptsächlich mit Formatvorlagen und Textgestaltung auseinandersetzen werden. Das wird für euch wichtig, wenn ihr dann in der 10. Klasse eure erste große Arbeit (Facharbeit) verfassen müsst. Der Umgang mit Tabellenkalkulation wird später für die Datenverarbeitung von experimentellen Messergebnissen in den Naturwissenschaften wichtig werden. Außerdem werden wir mit der Tabellenkalkulation auch schon die ersten Grundlagen für das Programmieren kennenlernen.

▹ Lernziele werden mit anstehenden Herausforderungen der Schüler:innen auf ihrem Bildungsweg begründet.

Beispiel 8: Lernziele/11. Kl./Physik

Zur Übung für heute habe ich Ihnen die Physikklausur des letzten Jahres und das Erwartungsbild hochgeladen.

Da wir den Lernbereich 4 „Geladene Teilchen in Feldern“ abgeschlossen haben, sollten Sie in der Lage sein, diese Klausur komplett zu lösen.

Rechnen Sie die Klausur als Übung vollständig durch.

▹ Lernziele werden mit einer anstehenden Leistungserbringung verbunden.

Beispiel 9: Lernziele/10. Kl./Mathematik

Die Antwort auf die Frage, warum einige das Thema „Folgen" schon in der Schule hatten, ist schlicht: „Es steht im sächsischen Lehrplan."

▹ Lernziele werden mit den Vorgaben im zentralen Rahmenlehrplan begründet.

Beispiel 10: Lernziele/10. Kl./Gesellschaft-Recht-Wirtschaft

Liebe Klasse 10,

ab nächste Woche wird zumindest die erste Hälfte von euch wieder in der Schule sitzen, während die zweite Gruppe im Homeschooling arbeiten wird.

Damit wir alle diese neue Etappe des Halbjahres ohne Arbeitsrückstände angehen können, nutzt bitte die heutige Gesellschaft-Recht-Wirtschaft-Reststunde wie folgt:

Alle Schüler:innen, die Abgaberückstände haben, kümmern sich bitte darum, dass sie zumindest wissen, worum es in den jeweiligen Unterrichtsstunden ging. Ich würde auch noch Abgaben annehmen, die eure Mitarbeitsnote entsprechend verbessern könnten ;)

Für alle anderen:

- ihr habt prima gearbeitet!
- ihr könnt einfach nochmal durch eure bisherigen Aufzeichnungen lesen und euch aufschreiben, wozu es eventuell Fragen gibt, die ihr im Unterricht klären wollt
- oder ihr kümmert euch um eure Facharbeit?!

Wir starten dann auch nach einem Rückblick und einer abschließenden Diskussion mit dem neuen Lernbereich: Die EU und DU!

▹ Lernziele werden mit organisatorischen Notwendigkeiten des Homeschoolings begründet.

Beispiel 11: Lernziele/8. Kl./Sport

Mit folgendem Video (ca. 11:00 min) möchte ich euch die Vielfalt des Kletterns zeigen: von ganz einfachen Routen (Kinder im Nachstieg) bis hin zu mega-schweren: mal "raue Platte", mal Riss, mal glatte riesenhohe Wand und mal kraftraubende senkrechte Kante ... und immer verlangt es höchste Konzentration und oft funktioniert nur die beste Lösung des Zugproblems, wie ihr auch an dem ein oder anderen Sturz sehen könnt.

Eigenes Training:

Auf alle Fälle braucht man große mentale Stärke und deswegen biete ich euch heute als Abwechslung und Alternative des home-workouts einmal wieder ein meditatives Stretch-Programm an: *Link*

Diese mentale Stärke und Ausdauer wird uns auch weiterhin in der Pandemie abverlangt! Deshalb müsst ihr unbedingt am Training dranbleiben und der Grundsatz aus der Vorwoche gilt weiter.

▹ Lernziele werden mit den speziellen Herausforderungen einer Pandemie begründet.

2.2.2 Dreischritt – ist das noch up to date?

Folgt man Meyer, so ist Unterricht u.a. dann klar strukturiert, wenn sich ein für Lehrkräfte und Schüler:innen gleichermaßen gut erkennbarer „roter Faden" durch die Stunde zieht und der thematische Gang plausibel sowie die Ergebnissicherung klar und verbindlich gestaltet wird.[17] Entsprechend wird Präsenzunterricht mitunter in drei Phasen gesplittet: Nach einem Einstieg zum Stundenthema, der möglichst motivierend gestaltet sein und die intrinsische Neugierde wecken sollte, folgen die Erarbeitungsphasen, die auch zum Üben und Wiederholen geeignet sind. Am Ende findet oft eine Ergebnissicherung des Gelernten statt. Natürlich gibt es auch Unterrichtsstunden, die diesen didaktischen Dreischritt nicht einhalten, da die Lernziele eine andere Gestaltung brauchen.

Es ergibt sich die Frage, inwieweit der hier beschriebene didaktische Dreischritt in den Materialien zum Homeschooling von den Lehrkräften umgesetzt wurde oder andere Wege beschritten wurden (vgl. Abbildung 5).

Die Ergebnisse der Studie verdeutlichen, dass sich 25,7 Prozent der analysierten Materialien (n=252) des didaktischen Dreischritts bedienen, also in die drei Phasen Einleitung, Erarbeitung und Ergebnissicherung aufgeteilt sind. Ein größerer Teil hingegen setzt auf eine freie Form (n=461, 47,1%), das heißt, die Unterrichtsmaterialien sind nicht nach einem klar erkennbaren Prinzip gegliedert. Weitere 25,1 Prozent des Mate-

17 Vgl. Meyer 2014:26, 55.

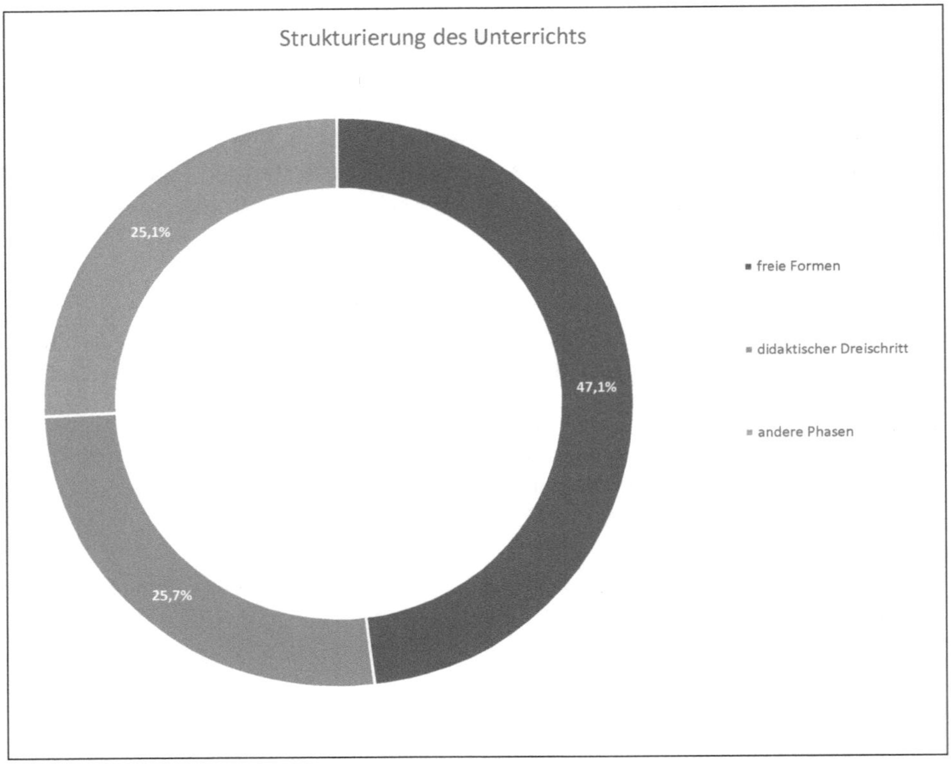

Abb. 5: Strukturierung des Unterrichts (N=979)

rials (n=246) bedienen sich anderer Strukturen. In 949 von 979 Dokumenten wurde eine Codierung vorgenommen. In 30 (3,1%) Dokumenten konnte keine Zuordnung gemacht werden.

Die nachfolgenden beiden Beispiele sollen einerseits zeigen, in welcher Art und Weise die Lehrkräfte den didaktischen Dreischritt eingehalten haben (Beispiel 1) oder auch offene Abläufe (Beispiel 2) zur Gestaltung des Homeschoolings nutzen. Es wird deutlich, dass bei Anwendung des didaktischen Dreischritts im Homeschooling ein eher lehrgangsorientierter Unterricht entsteht.

Beispiel 12: Didaktischer Dreischritt/8. Kl./Latein

Liebe Klasse 8,

nun hatte ich einen so schönen Test für ferre vorbereitet und da macht uns das olle Corona-Virus einen Strich durch die Rechnung ... der ein- oder andere wird jetzt bestimmt aufatmen und sich sagen: „Da hat die Situation also doch noch etwas Gutes!"

Lasst uns positiv denken. Wir kommen durch die Krise und ferre wird es auch überleben, das hat ja schon hunderte von Jahren auf dem Buckel und sogar zwei Weltkriege überstanden ... ;)

Damit wir dennoch ein wenig weiterkommen und nun endlich auch erfahren, wie Nero in Wirklichkeit zu Mutti steht, kommt hiermit nun unsere erste digitale Stunde.

Zwischen 13.00 und 15.00 Uhr stehe ich euch unter der Nummer [redacted] zur seelischen und moralischen Unterstützung zur Verfügung. Wenn ihr Fragen und Probleme habt: Scheut euch nicht und ruft einfach an!

Lest die Aufgaben gründlich und sorgfältig!
Liebe Grüße an euch alle, [redacted]

19.03.2020 Latein 8 1

1. Wiederholung „ferre"

1.1 Einstieg: (5 min) – Warming up

Verbinde die richtigen Paare. Vergleiche anschließend mit der Lösung auf Folie 3.

ferebas	1. Pl. Konj. Präsens Passiv
feramur	1. Sg. Konj. Plusquamperfekt Passiv
ferrentur	2. Sg. Ind. Präteritum Aktiv
latus essem	3. Pl. Konj. Präteritum Passiv

19.03.2020 Latein 8 2

1. Wiederholung „ferre“

1.2 Einstieg: (5 min) – Warming up

So und nun die Lösung! Vergleiche! Alles richtig? Super!

ferebas	2. Sg. Ind. Präteritum Aktiv
feramur	1. Pl. Konj. Präsens Passiv
ferrentur	3. Pl. Konj. Präteritum Passiv
latus essem	1. Sg. Konj. Plusquamperfekt Passiv

19.03.2020 Latein 8 3

1. Wiederholung „ferre“

1.3 Vergleich der Hausaufgabe (10 min)

Ich vermute, dass bei dem ganzen Stress die Hausaufgabe zu letzten Donnerstag untergegangen sein könnte, deshalb zur Erinnerung:

Du solltest im Lehrbuch S. 34 Nr. 2 bearbeiten.

A) Du hast es vergessen? Oh man, jetzt bloß nicht in Stress verfallen:
Ich sehe es ja nicht! Aber sei ehrlich zu dir selbst, hole es nach und vergleiche erst anschließend mit der Folie 5!

B) Du hast es gemacht, obwohl die Welt gerade untergehen wollte! Wunderbar.
Du wirst vielleicht doch einmal Latein studieren ... ;)
Scrolle gleich weiter zu Folie 5!

19.03.2020 Latein 8 4

1. Wiederholung „ferre“

1.4 Vergleich der Hausaufgabe (5 min)

Vergleiche und korrigiere, wenn nötig!

-portamus	-ferimus
-portavisse	-tulisse
-portatus est	-latus est
-portati essent	-lati essent
-portant	-ferunt
-portaverunt	-tulerunt
-portes	-feras
-portaveratis	-tuleratis
-portat	-fert
-portabatis	-ferebatis

19.03.2020 Latein 8 5

1. Wiederholung „ferre“

1.5 Ergebnissicherung: (5 min)

So und damit schließen wir ferre für heute ab. Um zu überprüfen, ob die Formen bei dir wieder präsent sind, übersetze die 4 Formen und vergleiche anschließend mit Folie 7.

1. feres

2. tulistis

3. lati eramus

4. ferebam

19.03.2020 Latein 8 6

1. Wiederholung „ferre“

1.6 Ergebnissicherung - Lösung: (5 min)

Vergleiche und korrigiere, wenn nötig!

1. feres	1. du wirst tragen
2. tulistis	2. ihr habt getragen
3. lati eramus	3. wir waren getragen worden
4. ferebam	4. ich trug

19.03.2020 Latein 8 7

PAUSE

19.03.2020 Latein 8 8

2. Agrippina – die beste Mutter?

Einstieg (5 min) – Warming up

In unserem Lektionstext 29 wird es um Nero und sein Verhältnis zu seiner Mutter Agrippina gehen. Nachdem wir erfahren hatten, dass Nero eine relativ gestörte Persönlichkeit war, können wir natürlich vermuten, dass auch Nero zu Mutti keine ganz „normale" Beziehung hatte.

Agrippina war sehr ehrgeizig und hatte alles daran gesetzt, dass Nero den Kaiserthron besteigen konnte. Natürlich wurde das Nero irgendwann zu viel. Ehrgeizige Frauen waren in der Antike nicht sonderlich beliebt und sind sie ja auch heute nicht bei allen ...;)

Unsere Geschichte spielt nun in dem kleinen Ort Baiae (ausgesprochen Bajä) am Golf von Neapel. Hier kommt es zum großen Show-Down zwischen Sohnemann und Mutti.

19.03.2020 Latein 8

2. Agrippina – die beste Mutter?

2.2 Erarbeitungsphase (20 min)

Damit du ein wenig einen Eindruck von Baiae und dem antiken Golf von Neapel bekommst, schau dir folgendes Video (Minute 1 - 14) an und beantworte die Fragen: *Link*

(Sachkundeteil des Hefters☺ Überschrift: **Baiae und der Golf von Neapel**

1. Beschreibe das Leben der Römer am Golf von Neapel.
2. Erkläre, wie es den Römern gelang, z.B. in Baiae aufwendige Kuppelbauten zu errichten.
3. Baiae galt als Kurort der römischen Prominenz. Nenne die verschiedenen Angebote, die man hier nutzen konnte.
4. Erkläre, was mit Agrippina in Baiae passiert ist.

19.03.2020 Latein 8 10

2. Agrippina – die beste Mutter?

2.3 Ergebnissicherung (5 min)

Vergleiche und ergänze!

Baiae und der Golf von Neapel

1. **Beschreibe das Leben der Römer am Golf von Neapel.**
- genuss- und prunksüchtig, geprägt von Erholung und Luxus
- Liebe zur griechischen Kunst wurde ausgelebt
- Aufführungen im Amphitheater wie Gladiatorenkämpfe unterhielten die Menschen

2. Erkläre, wie es den Römern gelang, z.B. in Baiae aufwendige Kuppelbauten zu errichten.

Man erfand einen wasserfesten Mörtel, bestehend aus Pozzulan-Erde (vulkanischer Sand) und vermischt mit Kalk, der unter Wasser aushärtete und quasi steinhart wurde. Damit war es möglich, riesige Kuppeln zu errichten.

19.03.2020 Latein 8 11

2. Agrippina – die beste Mutter?

2.3 Ergebnissicherung (5 min)

Vergleiche und ergänze!

Baiae und der Golf von Neapel

3. **Baiae galt als Kurort der römischen Prominenz.**
   Nenne die verschiedenen Angebote, die man hier nutzen konnte.
- Baden und Dampfbäder in heißen Quellen, die mit verschiedenen Salzen und sonstigen Stoffen (wie Schwefel) angereichert waren.
- Fangopackungen (eine Art mineralstoffreicher Schlamm)
- Hydrotherapie (z.B. Wassertreten, also Auf- und Abspazieren im Wasser)
- Erhitzen des Körpers durch Eingraben in heißen Sand (gut für die Durchblutung und ich vermute bei rheumatischen Erkrankungen, Gelenkschmerzen usw.)

4. Erkläre, was mit Agrippina in Baiae passiert ist.
Sie wird von Nero ermordet.

19.03.2020 Latein 8 12

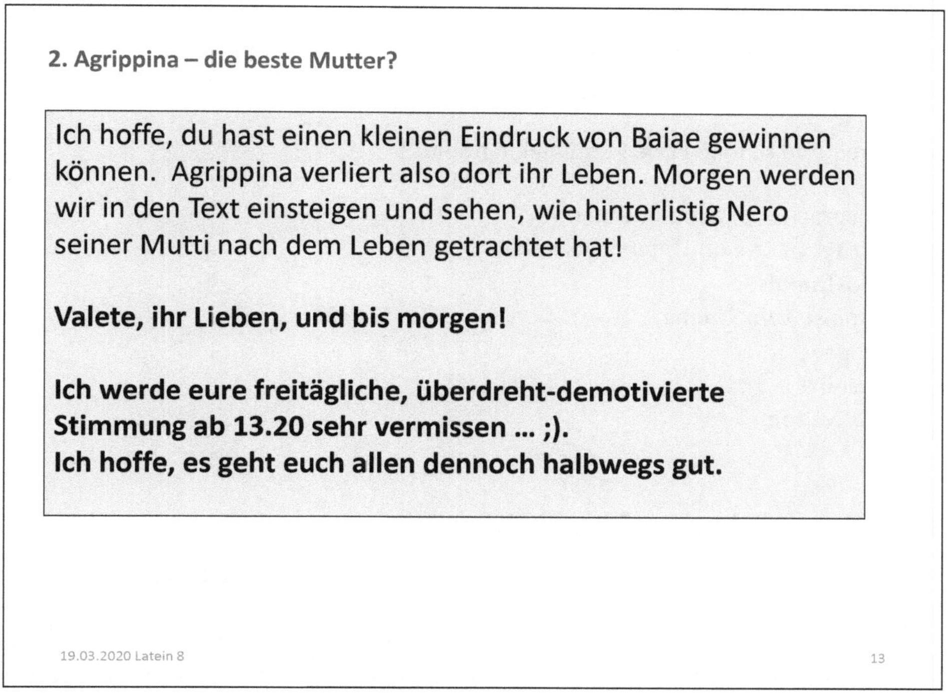

- einleitender Text
- Einstieg als Wiederholung (Hausaufgabenkontrolle als Einleitung – Vergleich – Ergebnissicherung)
- Pause
- Einstieg in das neue Thema
- Erarbeitungsphase
- Ergebnissicherung
- abschließender Text

Beispiel 13: Offener Unterrichtsablauf/6. Kl./Sport

Liebe Arktis-Expeditionsteilnehmer:innen unserer Klasse 6!

Weil wir in dieser Woche gar keinen „Meditation-Monday“ im Programm haben, möchte ich euch als Ersatz dafür einmal folgenden Link schicken: *Link* *Bild*

Probiert es aus, wer will! Ich bin gespannt, wer das macht und wie ihr das findet!

Passend dazu möchte ich euch noch das wohl beeindruckendste und magischste Phänomen der Arktis zeigen. Vielleicht hat jemand von euch irgendwann einmal die Gelegenheit, so etwas live zu erleben! *Link*

Aufgabe: Findet heraus, wie sie entstehen und in welchen Farben sie vorkommen können! Auch darüber reden wir in der Donnerstag-Konferenz nach den Ferien.

Dann schließen wir das Thema „Arktis“ auch erst einmal ab.

Sport frei! und schöne Ferien und bleibt gesund!!

- ▹ Ansprache der Schüler:innen
- ▹ Bezug zur letzten Unterrichtseinheit
- ▹ Bild-Impuls
- ▹ Impulse zum Thema
- ▹ Aufgabe
- ▹ Ausblick
- ▹ Motivation

2.2.3 Zeitangaben vs. Flexibilität

Wenn Schüler:innen Lernprozesse allein umsetzen müssen, bedarf es einer hohen Selbstständigkeit und Eigenmotivation. Bei der Analyse der Homeschooling-Materialien wird deutlich, dass es eine Vielzahl an Lehrkräften gibt, die für jede einzelne Aufgabe oder ggf. auch für einen Aufgabenblock Zeitfenster festlegen, an denen sich

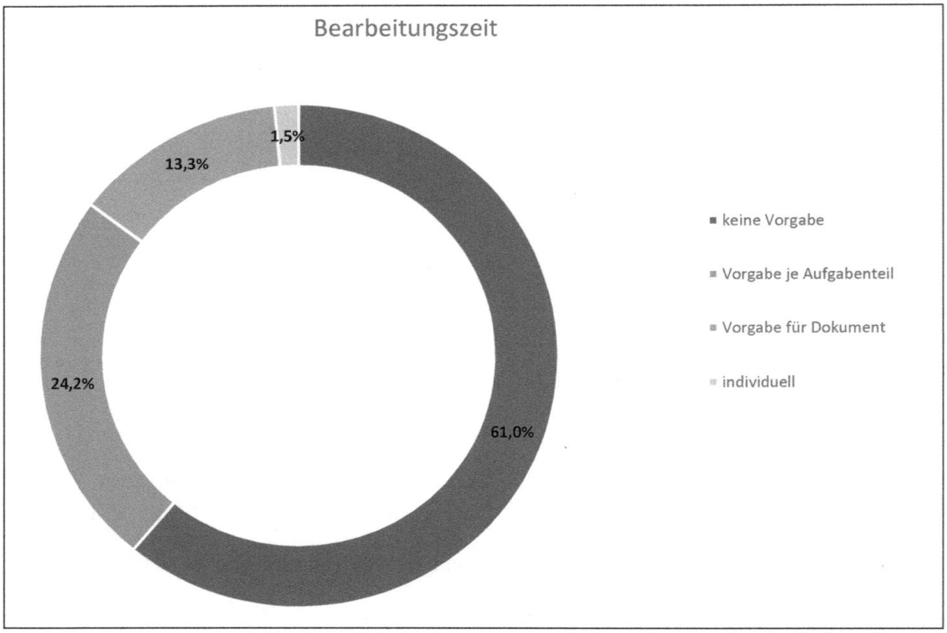

Abb. 6: Vorgabe der Bearbeitungszeit (N=984).
Da es sich um unterschiedliche Materialarten handelt, werden fünf mehrseitige Dokumente (z.B. Wochenpläne) mit klar definierter Arbeitszeit doppelt codiert. Daher ergibt sich statt N=979 dann N=984.

die Schüler:innen orientieren sollen. Dies beugt dem Problem vor, dass sich Schüler:innen mit als eher kurz konzipierten Aufgaben zeitlich intensiv auseinandersetzen oder umgekehrt, solchen Aufgaben zu wenig Zeit widmen, bei denen eine intensivere Auseinandersetzung gefragt ist. Der Nachteil vorgegebener Bearbeitungszeiten besteht darin, dass auf diese Weise ein inklusives Bildungsverständnis, nach dem jeder Mensch unterschiedlich lange für verschiedene Aufgabenbearbeitungen braucht, eher weniger gut realisiert werden kann.

Die Ergebnisse der Analyse zeigen, dass die Lehrkräfte in der Mehrzahl der untersuchten Homeschooling-Materialien keine genauen Zeitvorgaben für die Bearbeitung der Aufgaben machen (61,0%, n=600). In 13,3 Prozent der analysierten Dokumente (n=131) werden Bearbeitungszeiten für das gesamte Material, das die Schüler:innen bearbeiten sollen, vorgegeben, während in 24,2 Prozent der untersuchten Dokumente (n=238) Angaben für jede Aufgabe gemacht werden. Nur in einem kleinen Teil der analysierten Dokumente (1,5%, n=15) wird explizit auf ein offenes Zeitfenster für die individuelle Bearbeitung hingewiesen.

Es ist möglich, dass in den Materialien, in denen keine Zeitvorgaben gemacht werden, grundsätzlich davon ausgegangen wird, dass die Schüler:innen die gesamte zur Verfügung stehende Schulstunde (z. B. 45 oder 90 Minuten) für die Bearbeitung aufwenden. Es kann aber auch das oben angesprochene inklusive Bildungsverständnis der Grund dafür sein, dass die Bearbeitungszeiten nicht expliziert werden und davon ausgegangen wird, dass die Schüler:innen individuelle Bearbeitungszeiten investieren. Möglich ist auch, dass mündliche Absprachen (z. B. bei der Verteilung der Aufgaben) getroffen werden, die im Datenmaterial nicht zu erkennen sind.

2.2.4 Operatorenanwendung oder bewusster Verzicht?

Homeschooling – so zeigen es die Ergebnisse der Studie – ist häufig textlastig gestaltet. Das bedeutet, dass Schüler:innen viel lesen und das Gelesene auch verstehen müssen. Dieses Vorgehen kann leseschwache Schüler:innen oder Kinder mit einer anderen Erstsprache als Deutsch besonders fordern. Wenn Schüler:innen den Text verstanden haben, müssen sie meist unterschiedliche Aufgaben umsetzen. Gerade auf dem Weg zum Schulabschluss in Klasse 10 oder auch weiterführend zum Abitur nimmt die Relevanz der Arbeit mit Operatoren[18] zu. Die Schüler:innen lernen nach und nach eine Reihe von Operatoren in den verschiedenen Unterrichtsfächern kennen und müssen aus ihnen ableiten können, was sie im Folgenden auszuführen haben. Im Präsenzunterricht können hier die Lehrkräfte im Plenum und/oder im Klassengespräch noch einmal erläutern (lassen), was genau bei einzelnen Aufgaben von den Schüler:innen

18 Das Lesen, Verstehen und Umsetzen stellt hohe Anforderungen an die Lernenden. Diese im Imperativ verfassten Verben sind oft mit konkreten Arbeitsschritten und methodischen Vorgehen verknüpft, die die Lernenden auf die Aufgabe hin verstehen, denken und umsetzen müssen. Ein gutes Aufgabenverständnis ist daher wesentlich.

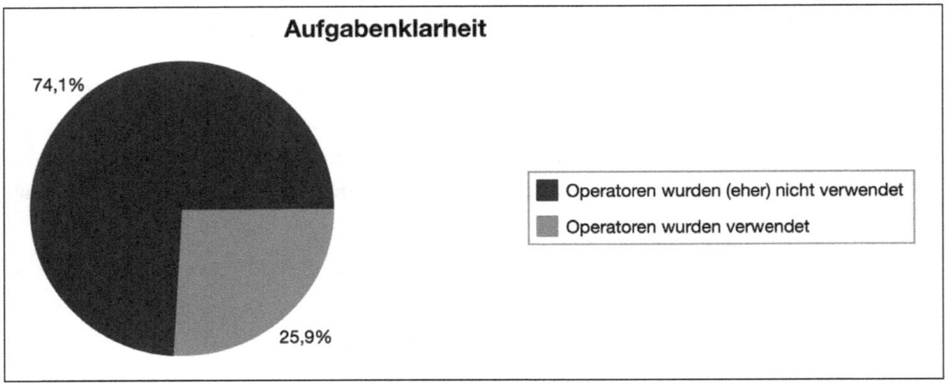

Abb. 7: Aufgabenklarheit durch Verwendung von Operatoren (N=937).
In 42 Dokumenten ist aufgrund der Materialbeschaffenheit keine Zuordnung gemacht worden.

verlangt wird. Es stellt sich die Frage, wie dieses Schaffen eines grundlegenden Aufgabenverständnisses im Homeschooling erreicht werden kann. Wir haben uns daher gefragt, inwieweit im Homeschooling überhaupt mit Operatoren gearbeitet wird.

Die Ergebnisse der Studie machen deutlich, dass Lehrkräfte nur in ca. einem Viertel der Materialien mit Operatoren arbeiten. Möglicherweise verzichten die Lehrkräfte bewusst auf deren Einsatz zugunsten ausführlicher Aufgabenerklärungen, um dem vorzubeugen, dass die Schüler:innen Nachfragen haben oder nicht genau wissen, was sie machen sollen.

2.2.5 Strukturierung der Lernmaterialien

Eine Strukturierung der Lernmaterialien kann den Schüler:innen helfen, sich besser zu orientieren. Genauso wie im Unterricht, wo Rituale und konstante Abläufe eine gewisse Routine sowie Sicherheit schaffen, ist das auch im Homeschooling wichtig. Helmke stellt fest, dass Strukturiertheit aus didaktischer Sicht bedeutet, dass der Unterricht geplant und sequenziert ist, sodass die aufgestellten Ziele erreicht werden können.[19] Entsprechend geben kurze und prägnante Erläuterungen zu Beginn der Materialien sowie abrundende und die Unterrichtseinheit abschließende Worte dem Homeschooling einen gewissen Rahmen. Neben der Vermittlung organisatorischer Grundlagen für die Homeschooling-Einheit in Anfangs- und Schlussworten, wenden sich einige Lehrkräfte in diesen Teilen auch mit persönlichen Worten an ihre Schüler:innen.

Die Untersuchung der Materialien hinsichtlich ihrer Strukturierung zeigt, dass 68,4 Prozent (n=626) Einleitungen und 31,6 Prozent (n=289) abrundende Schlussteile bzw. -worte aufweisen. Ergänzend dazu konnte festgestellt werden, dass die Lehrkräfte in mehr als der Hälfte der Materialien (51,9%, n=508) die inhaltlichen von den orga-

19 Vgl. Helmke 2015:191.

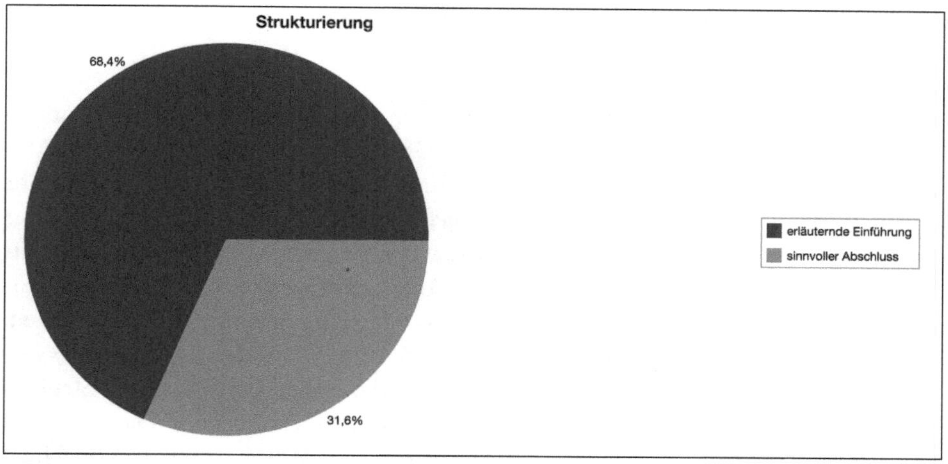

Abb. 8: Strukturierung der Unterrichtseinheit durch Einleitung und Abschluss (N=915). In 61 Dokumenten ist aufgrund der Materialbeschaffenheit keine Zuordnung geschehen.

nisatorischen Teilen der Unterrichtseinheit abgrenzen, indem sie etwa grafische Abgrenzungen einarbeiten; z. B. Kästchen um organisatorische Hinweise oder Fett- oder Kursivschriften bei organisatorischen Abschnitten von Texten. Im Folgenden werden einige Beispiele gezeigt, wie Lehrkräfte im Rahmen der Studie die Einleitungen und Schlussworte an ihre Schüler:innen in verschiedenen Fächern gestalten.

Beispiel 14: Einführende Erläuterung/5. Kl./Latein

Salvete discipuli et discipulae! Wie bereits angekündigt werden wir uns in dieser Woche aus der Lektion 4 und der ersten Sequenz des Lehrbuches verabschieden. Dazu sollt ihr noch einmal intensiv überprüfen, was ihr schon alles können solltet und tatsächlich könnt, bzw. wo noch nachzuarbeiten ist. Arbeite auch mit den Lösungen stets gewissenhaft und überprüfe, wo noch Schwächen sind. Es geht hier um Kompetenzen, die du immer wieder brauchen wirst.

Der Wochenplan ist in dieser Woche so aufgebaut, dass ihr allein arbeiten und dann überprüfen könnt. Wem allein die Motivation fehlt, hat die Möglichkeit, dass wir online gemeinsam arbeiten bzw. ich für Rückfragen ansprechbar bin. Es ist kein verpflichtender online-Unterricht. *Angabe des Zugangs zum online-Unterricht*

Was ich als Stundennachweis erwarte, entnehmt ihr der rechten Spalte.

Ladet diese Nachweise wieder bis 05.03./20:00 Uhr in den Abgabeordner hoch.

- direkte Ansprache
- konkrete Situationsbestimmung des Lernens im Fach
- Einführung zur Lernweise in der Unterrichtsstunde
- Organisatorisches

Beispiel 15: einführende Erläuterung/9. Kl./Informatik

Hallo liebe Klasse 9,

wir haben die letzten beiden Infostunden über Algorithmen und deren Darstellungen gesprochen. Ich möchte nun einige Übungen zum Erstellen von Struktogrammen durchführen. In der Schule ist dafür ein Programm installiert, auf das ihr nun natürlich keinen Zugriff habt. Da einige von euch Apple-User sind, macht es auch keinen Sinn, dass ihr euch es zu Hause installiert, da dieses Programm nur für Windows erhältlich ist. Ich habe aber eine Alternative gefunden, mit der Struktogramme online im Browser erstellt und als Bild abgespeichert werden können. In der heutigen Stunde ist es mein Ziel, euch mit dieser Software (Structorizer) vertraut zu machen. Ihr sollt am Ende der Stunde in der Lage sein, selbständig Struktogramme erstellen zu können und diese dann als Bild zu exportieren. Dann können wir nächste Woche mit den eigentlichen Übungen loslegen … Versucht die einzelnen Schritte an eurem Rechner nachzuvollziehen und sendet mir zum Schluss den Bildexport als email-Anhang zu (Mailadresse).

Auch in Info gilt die 3 Punkteregel (siehe Physik).

Abgabe der Lösung bis Sonntag den 10.01.2021 20:00 Uhr.

- ▹ direkte Ansprache
- ▹ konkrete Situationsbestimmung des Lernens im Fach
- ▹ Zielformulierung
- ▹ Lernhinweise
- ▹ Organisatorisches

Beispiel 16: einführende Erläuterung/7. Kl./Chemie

Hallo liebe Klasse 7,

ich hatte gehofft, dass wir gemeinsam im Präsenzunterricht in das spannendste Fach einsteigen können. So wie es aber aussieht, müssen wir leider den Start in die Chemie im Homeschooling absolvieren …

Ich habe euch in die Dateiablage eine kleine Animation gelegt, die ganz grob umreist, was Chemie ist. Weiterhin findet ihr in der Dateiablage ein Arbeitsblatt, auf dem die wichtigsten Laborgeräte abgebildet und benannt sind. Bitte lernt die Bezeichnungen der Geräte, ich möchte mit euch im Präsenzunterricht viele Experimente durchführen und dafür ist es wichtig, dass ihr die Bezeichnungen der Geräte kennt. Ich werde auch in der Homeschoolingzeit immer mal wieder einzelne Geräte abfragen …

Abgabe der Lösungen dieser Stunde bitte bis Samstag den 13.02.2021 16:00 Uhr (per E-Mail an Mailadresse).

- direkte Ansprache
- konkrete Situationsbestimmung des Lernens im Fach
- Lernhinweise
- Organisatorisches

Beispiel 17: einführende Erläuterung/7. Kl./Biologie

Hallo,

ich grüße dich im neuen Jahr und wünsche dir und deiner Familie vor allem Gesundheit. Lass uns durchhalten und hab Geduld. Dazu habe ich übrigens ein Gedicht gefunden, was ich dir schenken möchte:

> Wenn ich mal ungeduldig werde,
> Denk ich an die Geduld der Erde,
> Die, wie man sagt, sich täglich dreht
> Und jährlich so wie jährlich geht.
> Bin ich denn für was andres da? –
> Ich folge der lieben Frau Mama.[20]

- direkte Ansprache
- Wünsche für den Lernenden und die Familie
- Gemeinschaft herstellen („uns“)
- Zuversicht geben

Beispiel 18: abrundende Schlussworte/6. Kl./Physik

So, ich hoffe ihr hattet ein wenig Spaß an der heutigen Stunde.
Nächste Woche werden wir uns dann mit zusammengesetzten optischen Geräten befassen (Fernrohr und Mikroskop).

Falls ihr Anregungen für Verbesserungen des Online-Unterrichts oder Kritik habt, schreibt mir das bitte in die E-Mail mit den Lösungen. Es wäre auch hilfreich für mich, wenn ihr mir mitteilen würdet, wie lange ihr für die Bearbeitung dieses PDF-Dokuments gebraucht habt. Und denkt bitte an eine PÜNKTLICHE Abgabe der Lösungen (auch wenn sie bis dahin noch nicht vollständig sind).

---

20 Aus: Johann Wolfgang von Goethe. Berliner Ausgabe. Poetische Werke [Band 1–16], Band 1, Berlin 1960 ff., S. 481–482.

- ▹ Freude am Lernen
- ▹ Aussicht auf den nächsten Lernprozess
- ▹ Feedbackmöglichkeit eröffnen
- ▹ Organisatorisches

Beispiel 19: abrundende Schlussworte/7. Kl./Religion

Die Aufgabe zur Vorstellung der historischen Personen ist Thema für die Unterrichtsstunde am 27. Januar 2021. Abgabe deines Handouts ist bis 27. Januar 2021 um 15 Uhr. Eine Nachreichung ist nicht möglich, da (wie ihr ja wisst) am 29. Januar 2021 Notenstopp ist ;-)

Ich wünsche euch viel Spaß beim Eintauchen in das Leben und Wirken historischer Vorbilder. Wählt gerne jemanden, der euch schon immer interessiert hat.

Ich wünsche euch eine schöne Restwoche und bei Fragen meldet ihr euch bitte wieder.

Eure Frau ***

- ▹ Aussicht auf den nächsten Lernprozess
- ▹ Organisatorisches
- ▹ Freude am Lernen
- ▹ Wünsche
- ▹ Nachfragemöglichkeit eröffnen

Beispiel 20: abrundende Schlussworte/10. Kl./Deutsch

Liebe Klasse 10,

ich hoffe, ihr habt einen guten Schreibplan erstellen können, sodass ihr für die kommende Stunde am Mittwoch, den 17.2., gut vorbereitet seid. Die nächste Deutsch-Konferenz findet in genau einer Woche, wieder Montag, von 11:00-11:30 statt. In dieser Zeit werden wir die Wochenergebnisse vergleichen. Falls ihr Fragen habt, schreibt mir eine E-Mail an: Mailadresse

Ich wünsche euch eine schöne Woche, ***

- ▹ direkte Ansprache
- ▹ Zielsetzung und Ausblick auf den nächsten Lernprozess
- ▹ Nachfragemöglichkeit eröffnen
- ▹ Wünsche

Beispiel 21: abrundende Schlussworte/7. Kl./Sport

Schon GutsMuths, ein deutscher Sportpädagoge des 18./19.JH wusste:
„Nichts ist gesünder als Bewegung an frischer Winterluft."

Also schon mal die Skier wachsen oder die Wanderschuhe bereitstellen!

Bis dann und Sport frei! (Link steht in der Mitteilung auf der Lernplattform vom 11.2.)

*euer Sportlehrer *****

- ▹ Motivation schaffen
- ▹ Organisatorisches
- ▹ Wünsche

Beispiel 22: abrundende Schlussworte/10. Kl./Profilstunde

… und das war's auch schon für heute! Da wir in diesem Jahr wahrscheinlich nichts mehr voneinander hören werden, wünsche ich euch schon mal Frohe Weihnachten und einen guten Rutsch ins Neue Jahr! Bleibt sauber und vor allem bleibt gesund! Viele liebe Grüße!

***

- ▹ Zuversicht geben
- ▹ Wünsche
- ▹ lustiger Abschluss

Checkliste: Einführende Erläuterung und sinnvoller Abschluss

- Die Schüler:innen werden direkt angesprochen (Begrüßung- und Abschiedsformel).
- Die Lehrkraft geht auf die Schüler:innen und ihre Situation im Fach und im Allgemeinen ein.
- Sie formuliert grundlegende Lernhinweise für die bevorstehende(n) Unterrichtsstunde(n) klar und einfach.
- Motivierende Elemente geben den Schüler:innen Freude am Lernen und Zuversicht in der jeweiligen Situation.
- Das Material enthält organisatorische Hinweise.
- Die Schüler:innen erhalten Möglichkeiten, bei der Lehrkraft nachzufragen, sofern sich offene Fragen im Lernprozess ergeben haben.
- Sofern möglich und sinnvoll, stellt die Lehrkraft einen Bezug zur Gemeinschaft als Klasse oder Schule her und stärkt damit die Lernenden.
- Ergänzend kann die Lehrkraft im Einleitungs- und Abschlussteil auch auf die Ziele der Unterrichtsstunde im Homeschooling und/oder die Möglichkeit eingehen, dass Schüler:innen auch Feedback zum Lernprozess, zum Unterrichtsmaterial und/oder zur Methodik geben dürfen.

2.2.6 Unterrichtsmethode

Jede Unterrichtseinheit wird mit verschiedenen Unterrichtsmethoden gestaltet. Die Notwendigkeit von Methodenvielfalt lässt sich nach Meyer damit begründen, dass man der Heterogenität der Lernvoraussetzungen und den Interessen der Schüler:innen gerecht werden müsse.[21] Es wird für eine Mischung der Methoden plädiert.[22]

In der vorliegenden Studie zum Homeschooling wird die Einzelarbeit als eine Unterrichtsmethode untersucht (s. Abbildung 9). Wir unterschieden hier das Bearbeiten – oder auch „Abarbeiten" – von Aufgaben von Formen wie dem Singen, der sportlichen Betätigung, der Recherche, der Stationsarbeit, der Wochenplanarbeit oder kreativen Formen wie der Schnipseljagd. Darüber hinaus finden wir in den analysierten Materialien die Unterrichtsmethode des Lehrervortrags bzw. der Expert:innenerklärungen z. B. via Videos. Auch liegen Wettbewerbe und Spiele, Freiarbeiten und Projektarbeiten vor. Die Lehrkräfte ermöglichen zudem Gruppenarbeiten, dies beispielsweise in Form von Gruppenpuzzles via Padlets oder Gruppenreferaten. Ebenso werden Partnerarbeiten und Gespräche umgesetzt. Hinzu kommen – in der folgenden Übersicht nicht mit abgebildet – Online-Meetings zwischen den Lehrkräften und ihren Schüler:innen.

Im Folgenden werden die prozentualen Anteile der verschiedenen Unterrichtsmethoden wie sie in der vorliegenden Studie auftreten, dargestellt.

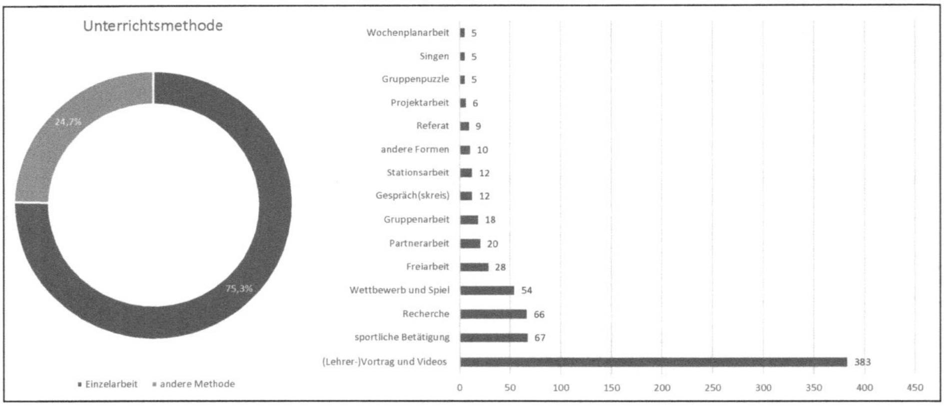

Abb. 9: Unterrichtsmethoden im Homeschooling: Einzelarbeiten und andere Methoden im Vergleich (Mehrfachcodierung, N=2.833)

Die Ergebnisse der Studie verdeutlichen, dass das Bearbeiten von Aufgaben in Einzelarbeit (75,3%, n=2133) die am häufigsten von Lehrkräften angewendete Unterrichtsmethode im Homeschooling ist. Betrachtet man ergänzend die alternativen didaktischen Formen, so wird hier am häufigsten die Methode des Lehrer:innenvortrags, der -erklärungen und Videos eingesetzt. Es werden 383 Kodierungen in dieser Kategorie

21 Vgl. Meyer 2014:74.
22 Vgl. ebd.:85.

analysiert. Vergleicht man nun alle didaktischen Formen kann ca. ein Viertel (n=261, 26,7%) dem Lehrer:innenvortrag zugordnet und nachgewiesen werden.

Interessant ist, dass eine Methodenvielfalt durchaus vorhanden ist, aber gewisse Methoden in dieser Studie sehr selten Anwendung finden. Dies gilt beispielsweise für die Stations-, die Wochenplan-, die Gruppen-, die Partner-, die Frei- und die Projektarbeit sowie für kreative Formen, Gespräche, Wettbewerbe und Spiele. Dass diese Lernmethoden durchaus im Homeschooling umgesetzt werden können, wird dadurch deutlich, dass sie im Rahmen dieser Studie vorgekommen sind – wenn auch nicht in der Fülle wie andere Methoden.

Im Folgenden werden Unterrichtsmethoden, die auf den ersten Blick für das Homeschooling als herausfordernd in der Umsetzung erscheinen könnten, anhand von Beispielen nähergebracht. Es handelt sich dabei um die Schnipseljadg, Wettbewerbe und Spiele, die Gruppenarbeit, das Referat, die Partnerarbeit, das Gespräch sowie die Frei- und Projektarbeit.

Schnipseljagd

Beispiel 23: Schnipseljagd/7. Kl./Latein

Aufgabe: Drucke dir die „Übersetzungsschnipseljagd" aus und bearbeite die Aufgaben. Die Latein-Freaks unter euch können sich natürlich auch gern ohne Schnipsel an die Übersetzung wagen. (Nehmt die Schnipsel dann zum Vergleich.)

Anmerkung: Vorangegangen ist dieser Aufgabe die Übersetzung des ersten Teils einer Rede von Cicero. Als Material steht die komplette Übersetzung zur Verfügung. Diese besteht aus zerteilten Sätzen. Die Schüler:innen müssen diese zusammenfügen, unter Zuhilfenahme des lateinischen Textes.

- ▹ Schnipseljagd-Charakter macht Lernen spannend und abwechslungsreich.
- ▹ Verbindung von Motorik und Kognition

Wettbewerbe und Spiele

Eine Vielzahl an Lehrer:innen unterschiedlicher Fächer weisen auf Wettbewerbe hin, an denen sich die Schüler:innen beteiligen sollen, so beispielsweise auf „Mathe im Advent", die Mathematikolympiade, die Bytechallenge im Fach Informatik. Darüber hinaus wird spielerisch gelernt, indem beispielsweise Übungsspiele der interaktiven Art auf kahoot und learningapps von den Lehrkräften vorbereitet und die entsprechenden Links an die Schüler:innen weitergegeben werden oder indem andere Wege des spielerischen Lernens gewählt werden, wie die folgenden Beispiele zeigen.

Quiz

Beispiel 24: Quiz/8. Kl./Geographie

Löse das folgende Quiz: immer eine Antwort richtig.

17 schnelle Multiple-Choice-Fragen ☺

1. **Der Monsun ist …**

a) eine großräumige & jahreszeitlich wechselnde Windströmung. b) ein ausschließlich regenreicher & feuchter Wind. c) eine trockene Luftmasse aus Nordostindien kommend.

2. **Der Südwestmonsun wird auch… genannt.**

a) Südpassat b) Sommermonsun c) Wintermonsun

3. **Der Sommermonsun weht von …**

a) ca. Mai bis Oktober. b) Juni bis Juli. c) Oktober bis November.

4. **Der Südostpassat wird nach seinem Übertritt über den Äquator nach … abgelenkt.**

a) rechts b) links c) erst rechts dann links

Anmerkung: Vorangegangen ist der Aufgabe eine Behandlung des Themas „Monsun".

- ▹ Quiz-Charakter macht Lernen spannend und abwechslungsreich
- ▹ Zusammenführung wichtiger gelernter Informationen

Beispiel 25: Quiz/7. Kl./Englisch

EXTRA: Quiz Time

For those of you who were missing our Friday routine (and for all the others too) – it´s quiz time.

- Follow the link and watch this – rather weird – game show, which is all about the 2nd conditional.
- Then scroll down to answer the three questions on the conditional II. *Link*

- ▹ Quiz-Charakter macht Lernen spannend und abwechslungsreich
- ▹ Übung des Gelernten

Kreuzworträtsel

Beispiel 26: Kreuzworträtsel/7. Kl./Englisch

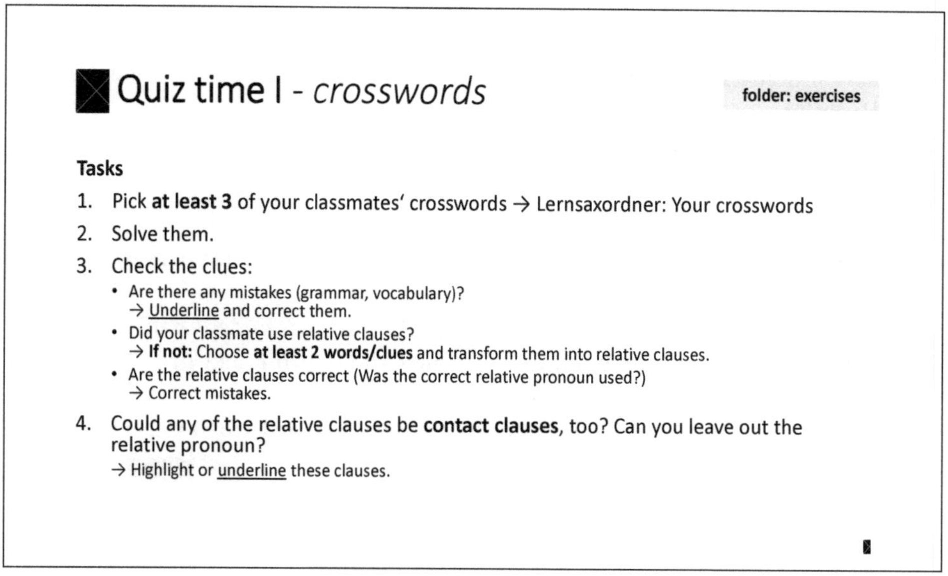

- ▹ Rätsel-Charakter macht Lernen spannend und abwechslungsreich
- ▹ Übung des Gelernten

Die Gruppenarbeit

Beispiel 27: Gruppenarbeit/10. Kl./Gesellschaft-Recht-Wirtschaft

Wir arbeiten heute arbeitsteilig. Ich habe dich einer Gruppe zugeordnet, siehe unten. Du brauchst das entsprechende Material aus dem Materialordner zur Stunde:

Gruppe A Thema: stetiges und angemessenes Wirtschaftswachstum
Material: M1 A GP
Schüler:innen: *Nennung der Namen*
Gruppe B Thema: Stabilität des Preisniveaus
Material: M1 B GP
Schüler:innen: *Nennung der Namen*
Gruppe C Thema: Vollbeschäftigung
Material: M1 C GP
Schüler:innen: *Nennung der Namen*
Gruppe D Thema: außenwirtschaftliches Gleichgewicht
Material: M1 D
Schüler:innen: *Nennung der Namen*

Folgende Aufgaben für jeden von euch:

1. Erkläre, warum das jeweilige Ziel in der Wirtschaftspolitik verfolgt wird und mit welchem Indikator man es misst.
2. Analysiere die Grafik.
3. Besprich deine Ergebnissen mit anderen Schüler:innen deiner Gruppe. Seid ihr euch einig?
4. Besprecht in den Gruppen bitte die jeweilige Zusatzaufgabe und macht euch Notizen:

Zusatzaufgaben:

Gruppe A Erläutert mithilfe von konkreten Beispielen die einzelnen Aspekte der Aufteilung des BIP in der Grafik.

Gruppe B Stelle dar, inwiefern ihr den „Konjunkturzyklus" in der Grafik erkennt.

Gruppe C Erläutert mithilfe konkreter Beispiele die drei im Text genannten Arten der unkritischen Arbeitslosigkeit.

Gruppe D Man könnte der Definition des „außenwirtschaftlichen Gleichgewichts" vorwerfen, sie wäre für eine Exportnation wie Deutschland geschrieben worden. Begründet.

Wir werten diese Arbeit in der nächsten Woche in einer Konferenz oder womöglich sogar im Klassenraum aus.[23]

- ▹ arbeitsteilige Themenauseinandersetzung
- ▹ Austausch in der Klein- und später in der Großgruppe
- ▹ Expert:innen-Lernprinzip

Beispiel 28: Gruppenarbeit/10. Kl./Deutsch

Anmerkung: Vorangegangen ist der Aufgabe das Lesen des Buches „Der Vorleser" von Bernhard Schlink und einführende Behandlungen des Inhalts.

1. Fasse die Schulddefinition in eigenen Worten zusammen.
2. Erörtert, inwiefern Hannas Schuld durch ihren Analphabetismus und ihr Handeln relativiert wird. Diskutiert diese Frage in Gruppen (telefonisch oder im Online-Meeting). Notiert anschließend eure Position mit den entsprechenden zentralen Argumenten und schickt mir die Ergebnisse.[24]

- ▹ Austausch zur Anregung und Differenzierung der eigenen Gedanken

---

23 Angelehnt an: Köhler, L. (2016). Wer garantiert unseren Wohlstand? RAAbits Online. Sozialkunde/Politik. Waidmann, M. (2017). Der Staat als Schiedsrichter oder Mitspieler? Aufstellung und Ziele der Wirtschaftspolitik? RAAbits Online. Wirtschaft.

24 Entnommen aus Langner, M.; Wagener, A. (2017). Deutschbuch Klasse 10. Cornelsen-Verlag.

Das Referat/Video

Beispiel 29: Referat/Video/12. Kl./Englisch

IV) Video promotion

Task5:
Inform yourself on an interesting **piece of art** or even **field of art** (e.g. Streetart) by your own choice. It could be a new trend, a single painting, a sculpture, a certain melody, an installation, a subgroup, etc.

For your new school-v-log your task is to present that piece or field of art in a **1-2-min presentation.** Your goal is to **promote** your topic since a committee evaluates the videos and awards the best one.

The rewards shall be:

1) Your topic will be included in the curricular for the arts classes in all schools in Saxony.
2) You win a 100€-voucher for Freddy Fresh.
3) You can delete one more course than usual in your A-levels-calculation.
4) You win a magic coin which allows you to get unlimited coffee for free from Lidl.

Sounds great? Yeah! Start now! Search the internet or whatever now! Choose something and plan your **promotion/ presentation** for the video! You can be creative, artistic or neutral! Of course, we need to see, feel or hear why the piece of art is that special and worth winning! You could also try to present a piece of art made by yourself if you want. **Film** your **little** presentation and send it to me via e-mail until April 2nd.

If you're doubting the greatness of your video product – don't worry! Sometimes the process of art can be more important than the result.

- ▹ alltagsnahes und interessengeleitetes Lernen
- ▹ individuelle Anregungen in die Klasse geben

Beispiel 30: Referat/10. Kl./Geographie

Erarbeitet ein Referat entsprechend der schulinternen Vorgaben für ein Referat. Sucht euch ein Thema aus und schreibt mir, welches ihr gern ausarbeiten möchtet. Ich gebe euch eine Rückmeldung, damit sich Themen nicht überschneiden.

Oberthema	Themen-nummer	Subthemen	grobe Gliederungspunkte	Termin	Namen
Themenfindung + Einführung in Vortragsreihe Erwartungshorizont				heute	[redacted]
Ausarbeitung + Vorbereitung Abgabe Gliederungsentwurf Vortrag bis 21. März; [redacted]. Abgabe PPP + Handout per Mail an mich, bis: 11. April 2021 (danach keine Veränderung mehr möglich)				nächste Wochen bis Ostern (Aber Zwischentermine beachten z.B. Abgabe Gliederungsentwurf)	alle
Naturraum Sachsen	*Thema 1*	**Landschaftswandel durch Verwitterung**	Endogene und Exogene Kräfte verändern die Landschaft Das Wirken der Verwitterung/ Verwitterungsarten	Woche vom 13. April	
	Thema 2	**Landschaftswandel durch Wasser, Wind & Eis**	Wasser formt die Landschaft, Talformen Gletscher formt die Landschaft, Glaziale Serie Wind formt die Landschaft, Lössgebiete in Sachsen	danach	
	Thema 3	**Bodenbildung**	Vom Gestein zum Boden Bodentypen in Sachsen Bodenerosion, Bodendegradation	danach	
Wirtschaftsraum Sachsen	*Thema 4*	**Landwirtschaft in Sachsen**	Agrarräume in Sachsen EU-Agrarsubventionen, Auswirkungen auf Sachsen, Sachsens LW in Europa Konventionelle vs. ökologische LW	danach	
	Thema 5	**Wirtschaftswandel in Sachsen (BRD)**	Von der Agrar- zur Dienstleistungsgesellschaft Demografischer Wandel der BRD und von Sachsen	danach	
	Thema 6	**Standortfaktoren**	Bedeutungswandel harte & weiche SV Beispiel: *„BMW & DHL wählen Leipzig"*	danach	

- Präsentation von Inhalten
- Erarbeitung eines Referats nach vorgegebenen Kriterien
- arbeitsteilige Themenauseinandersetzung

Die Partnerarbeit

Beispiel 31: Partnerarbeit/10. Kl./Gesellschaft-Recht-Wirtschaft

Anmerkung: Vorangegangen ist der Aufgabe die Behandlung von Wirtschaftssystemen.

1. Lies alle Fragen in der Grafik durch. Stelle Vermutungen darüber auf, worin die Unterschiede zwischen den beiden Wirtschaftsordnungen bestehen und beantworte die Fragen.
2. Rufe eine/n Mitschüler:in an. Vergleicht, korrigiert und ergänzt eure Antworten.

▹ Austausch zur Anregung und Differenzierung der eigenen Gedanken

Beispiel 32: Partnerarbeit/6. Kl./Englisch

Read the story aloud. Ruf eine/n Mitschüler:in an und lest den Text mit verteilten Rollen!

▹ Lesetraining zu zweit

Beispiel 33: Partnerarbeit/7. Kl./Englisch

Anmerkung: Vorangegangen ist das Schreiben eines englischen Textes zu einer Aufgabe.

1. Read the text assigned (zugeordnet) to you and check the structure, content, language …
2. Use the checklist to give feedback to your classmate. Gib ein Kurzfeedback mithilfe der Smileys. Ergänze Tipps und Überarbeitungsvorschläge in der Spalte „Bemerkungen".
3. Give each other feedback (individuelle Lösungen). Ihr könnt euch die Checklisten zusenden. Ihr könnt euch gegenseitig anrufen, um Hinweise zu erklären. Wenn ihr ohnehin zu Hause zusammenarbeitet, könnt ihr euch natürlich einfach so austauschen.

▹ gegenseitig Feedback geben und damit Anregungen für Weiterarbeit an eigenen Texten
▹ Ideenaustausch

Beispiel 34: Partnerarbeit/12. Kl./Englisch

Anmerkung: Die Englischlehrkraft hat den Schüler:innen verschiedene mündliche Prüfungen aus den Vorjahren zur Verfügung gestellt, mit denen sie üben sollen.

Wähle dir eine/n oder mehrere Partner für die mündlichen Prüfungen aus. Macht euch ein Telefon- oder Skype- oder WhatsApp-Video-Date aus. Es gibt auch Aufgaben für die 3-er Prüfungen. Übt nun die mündliche Prüfung. Folgt dem realen Aufbau der richtigen Prüfung (Zeitvorgaben, Diskussionen mit vielen). Schätzt euch im Anschluss mit dem Kriterienraster selbst ein und wertet eure „Prüfung aus“. Übt danach mit einem anderen Partner eine andere Prüfung. Das ist sehr sinnvoll!!!

- ▷ mündliche Prüfungsvorbereitung
- ▷ Training in verschiedenen Partner:innenkonstellationen

Beispiel 35: Partnerarbeit/10. Kl./Französisch

Nimm nun per WhatsApp eine Sprachnachricht auf, in der du einem Freund/einer Freundin erzählst:

1. Erzähle über deine Ferien: Wo bist du? Was machst du? Wie ist das Wetter? Versuche ungefähr 1 Minute zu sprechen.
2. Schicke die Nachricht an mich weiter. Wer meine Nummer nicht hat/möchte, kann es auch jemand anderem im Kurs schicken und diese Person leitet es an mich weiter.

Es ist überhaupt nicht schlimm, wenn du Fehler machst. Es geht nur darum, es zu probieren. Anbei eine Hilfsliste mit Phrasen. Wir werden im nächsten Online-Meeting die Nachrichten hören und daraus eine Hörübung machen.

- ▷ Üben des Sprechens der Fremdsprache zu alltagsrelevanten Themen
- ▷ Gestaltung eigener Hörübungen

Beispiel 36: Partnerarbeit/10. Kl./Deutsch

Anmerkung: Vorangegangen ist der Aufgabe das Lesen des Buches „Der Vorleser“ von Bernhard Schlink und einführende Behandlungen des Inhalts.

Michael berichtet seinem besten Freund von dem romantischen Badeerlebnis mit Hanna. Er fragt ihn nach seiner Meinung zu dieser außergewöhnlichen Beziehung. Wie könnte das Gespräch verlaufen? Wie könnte der Freund reagieren?

PARTNERARBEIT – ja, das geht auch im Homeschooling: Such dir ein/e Mitschüler:in und chatte mit ihm/ihr über ein Medium eurer Wahl (WhatsApp, Chat auf der

Lernplattform etc.). Einer von euch nimmt dabei die Rolle von Michael ein, der andere die seines besten Freundes.

Kopiert anschließend euren Dialog, fügt ihn in ein Schreibprogramm ein und wandelt das Ganze in eine PDF-Datei um. Schickt mir diese Datei!

- ▹ gemeinsame Aufgabengestaltung
- ▹ asynchroner Austausch und Erarbeitung

Das Gespräch

Beispiel 37: Gespräch/5. Kl./Deutsch

Aufgabe: Komm ins Gespräch ☺! Erzähle einem Familienmitglied, was du über das Thema „Namen" gelernt hast und stelle allen Familienmitgliedern folgende Frage und notiere die Antworten: Weißt du, woher dein Vorname stammt?

- ▹ Gespräche in der Familie forcieren

Beispiel 38: Gespräch/8. Kl./Deutsch

Aufgabe: Komm ins Gespräch ☺! Stelle die folgende Frage an deine Familienmitglieder und schreibe deine Ergebnisse auf: Was bedeutet „Ambiguität"? PS: Google ist nicht dein Familienmitglied ☺!

- ▹ Gespräche in der Familie forcieren

Beispiel 39: Gespräch/10. Kl./Deutsch

Anmerkung: Vorangegangen ist der Aufgabe die Behandlung eines Textes, in der die Protagonisten eine ungewöhnliche Liebesbeziehung eingehen.

1. Notiere, was für dich eine stabile und gesunde Partnerschaft ausmacht.
2. Frage ein Familienmitglied und eine/n Freund:in nach seiner/ihrer Meinung dazu. Notiere die Antworten ebenfalls.

- ▹ Austausch zur Anregung und Differenzierung der eigenen Gedanken

Beispiel 40: Gespräch/6. Kl./Geographie

Anmerkung: Vorangegangen ist der Aufgabe die Behandlung der Gletscherentstehung und -weiterentwicklung.

Vielleicht ist jemand zu Hause, sodass du die folgende Aufgabe mit ihm/ihr lösen kannst. Wenn nicht, sprich laut in deinem Zimmer: Erkläre mündlich, wie ein Gletscher entsteht und was passiert, wenn er sich bewegt und in wärmere Gebiete gelangt. Nutze dazu die Abbildungen.

- ▹ Zusammenfassung des Gelernten
- ▹ eigene Erklärung zur Festigung

Beispiel 41: Gespräch/7. Kl./Geschichte

Anmerkung: Vorangegangen ist der Aufgabe die Behandlung der Zeit der Aufklärung.

Nun ist euer Urteil gefragt: Überlegt, inwieweit die Grundsätze der Aufklärer für einen „idealen Staat“ heute noch gelten. Frage dazu auch eure Eltern, Großeltern oder ältere Geschwister. Formuliert nun euer Urteil und schickt es mir.

- ▹ Austausch zur Anregung und Differenzierung der eigenen Gedanken

Die Freiarbeit

Beispiel 42: Freiarbeit/7. Kl./Religion

Fertigt ein „Lapbook“ zum Thema „Islam“ an. Alle notwendigen Unterlagen, Anregungen und die Vorgehensweise findest du im Lernordner.

- ▹ individuelle Schwerpunktsetzungen
- ▹ kreative Gestaltungen

Beispiel 43: Freiarbeit/5. Kl./Biologie

Thema: Waldkauz

1) Such dir eine Aufgabe aus dem Bereich heraus, die dich besonders interessiert.
   a. Argumentiere: Der Waldkauz stellt sich zur Wahl zum Vogel des Jahres. Was ist an ihm besonders?
   b. Erkunde: Warum sind Waldkäuze hervorragend an das Leben und Jagen angepasst?
   c. Imaginiere: Stell dir vor, du wärst ein Waldkauz und die Nacht bricht an. Wo lebst du? Wer könnte dir begegnen, was findest du zu fressen, welchen Gefahren bist du ausgesetzt? Beschreibe deine Erlebnisse in einer kurzen „Nachtgeschichte“!
   d. Ordne: Vergleiche den Waldkauz mit anderen Eulenarten. Finde Unterschiede und Gemeinsamkeiten!
   e. Urteile: Was müssen wir Menschen tun, um den Waldkauz zu schützen?

2) Informiere dich und erstelle ein Plakat, eine Geschichte oder bereite eine kleine Präsentation vor.[25]

- ▹ Wechsel von Anspannung und Entspannung
- ▹ Freude am Lernen

Beispiel 44: Freiarbeit/6. Kl./Deutsch

In der nächsten Aufgabe geht es um einen Zaubertrick. Was hältst du von Zauberei und Magie? Kannst du vielleicht sogar selbst einen Zaubertrick? Bevor es weitergeht, kannst du, wenn du magst, zwei sehr erfolgreichen Zauberern bei ihren Tricks als kleine Pause zuschauen: *Link*

- ▹ individuelle Schwerpunktsetzungen
- ▹ kreative Gestaltungen

Die Projektarbeit

Beispiel 45: Projektarbeit/7. Kl./Chemie

Steckbriefe von Stoffen

Vervollständige die Tabelle. Führe dazu ggf. zu Hause Experimente durch.

	Schwefel	Eisen	Aluminium	Zucker	Kochsalz	Essig	Speiseöl
Farbe	gelb						
Löslichkeit / Mischbarkeit	nein						
Geruch	geruchlos						
Aggregat-zustand	fest						
Magnetisches Verhalten	nein						
Glanz	nein						
Form	kristallin						

- ▹ experimentieren mit Alltagsgegenständen
- ▹ untersuchen von Stoffen, die im Alltag verwendet werden

25 Entnommen aus: Rahimi, B. (o. J.). Kooperatives und eigenverantwortliches Lernen mit dem Wald. Abrufbar unter: https://www.nabu.de/imperia/md/content/nabude/vogelschutz/vdj/waldkauz/170127-nabu-unterrichtshilfe-waldkauz.pdf

Beispiel 46: Projektarbeit/10. Kl./Chemie

Aufgabe: Führt eine Fettfleckprobe durch!

Nehmt dafür einen Samen (Nuss, Kümmel, Sonnenblumenkern), ein Öl (irgendein Speiseöl) und ein kleines Stück Schnittkäse – oder ein Croissant-Stück. Ein kleines Stück Papier falten und beschriften, dann mit einem Wattestäbchen den Tropfen Wasser und mit einem weiteren Wattestäbchen den Tropfen Öl auftragen. Die Samen müssen zerdrückt werden. Am besten geht das, wenn man ein weiteres Blatt darüberlegt und mit einem Flaschenboden oder Fleischklopfer beherzt zu Werke geht. Den Käse auf dem entsprechenden Quadrat verreiben. Nach dem Trocknen ein Foto machen!

- ▹ experimentieren mit Alltagsgegenständen
- ▹ untersuchen von Stoffen, die im Alltag verwendet werden

Beispiel 47: Projektarbeit/5. Kl./Biologie

Wachstumsmessung: In regelmäßigen Abständen wollen wir uns ja messen und damit unsere körperliche Entwicklung beobachten. Miss auch heute deine Hand- und Fußlänge. Lass dir beim Messen der Körpergröße helfen. Schreibe deine Messdaten in die Tabelle deines Hefters vom 8. Januar 2021.

- ▹ Auseinandersetzung mit sich selbst
- ▹ Entwicklungen beobachten

2.2.7 Schüler:innenaktivierung

Aufgaben für die Schüler:innen im Homeschooling können beispielsweise dazu dienen, dass die Heranwachsenden Themen erarbeiten, Fachgebiete vertiefen, sich Kompetenzen aneignen und/oder erlernen, effektiv und eigenständig zu lernen. Eine Vielzahl an Aufgaben während des Homeschoolings sind auf das kognitive Lernen der Schüler:innen ausgerichtet. Darüber hinaus gibt es aber auch interessante Ansätze, die für das Lernen aufgenommen und weiterentwickelt werden können, die nicht nur das kognitive, sondern beispielsweise auch das reflexive, interaktive, kreative, motorische, soziale oder emotionale Lernen aufgreifen. Bisweilen wird im Homeschooling auch experimentiert und auf diese Weise für Abwechslung beim Lernen gesorgt (vgl. Abbildung 10).

Die Auswertung der Ergebnisse zeigt, dass 76,9 Prozent (n=2395) der Aufgaben eine kognitive Beanspruchung der Schüler:innen vorsehen. (Mehrfachcodierungen je Aufgabe sind möglich gewesen.) Weitere 7,9 Prozent (n=247) zielen auf eine interaktive Auseinandersetzung, 4,1 Prozent (n=129) auf eine kreative und 3,1 Prozent (n=98) auf eine reflexive Auseinandersetzung. Alle weiteren Aktivierungen wie die motorische,

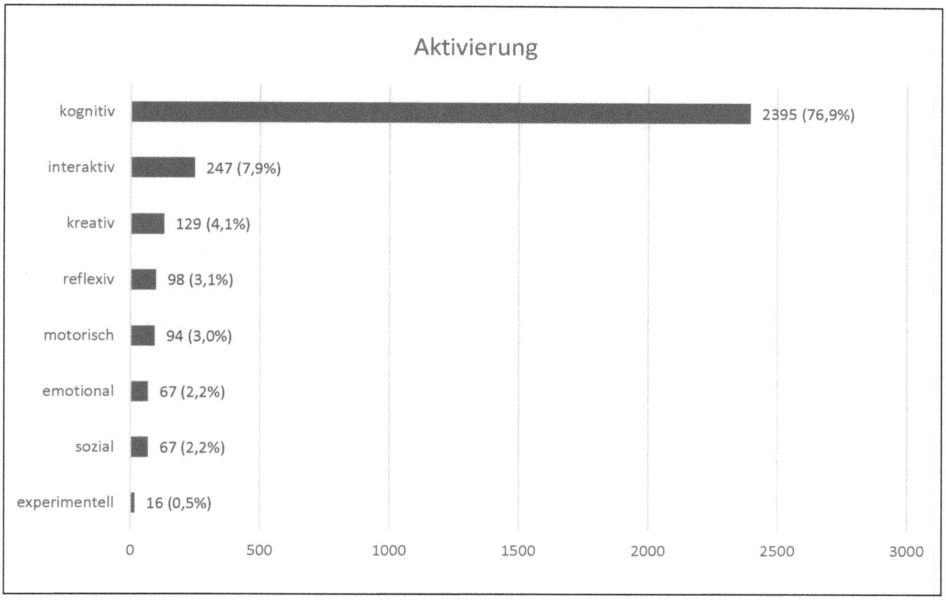

Abb. 10: Aktivierung der Schüler:innen (Mehrfachcodierung, N=3.113)

die emotionale, die soziale bzw. experimentelle sind seltener vorhanden (vgl. Abbildung 10).

Im Folgenden sollen kurze Einblicke in verschiedene Formen der Schüler:innenaktivierung ermöglicht werden. Sie laden zum Aufgreifen und Weiterentwickeln ein und wollen Impulse für die eigene Unterrichtsgestaltung geben.

Kognitive Schüler:innenaktivierung

Beispiel 48: Schüler:innenaktivierung/Lesespurgeschichte/6. Kl./Englisch

ANLEITUNG

Nimm dir die Karte "Tour_Great-Britain_Map" zur Hand. Dort findest du 26 verschiedene Stationen. Wir werden diese aber nicht einfach von Nummer 1 bis Nummer 26 abgehen, sondern du musst herausfinden, wie unsere Tour verläuft und welche Stationen wir besuchen.

© *Jeanette Zehentmayer*

Du musst den verborgenen Hinweisen im Text und auf der Landkarte folgen und die richtige Ziffernfolge bis zum Ziel aufschreiben. Dabei gibt es nur einen korrekten Weg und viele Sackgassen, die dich notfalls wieder auf die letzte richtige Spur verweisen.

Weitere Hinweise:

- Wenn du die reguläre Variante nutzt, sind einige Wörter im Text gelb hervorgehoben. Du findest die deutsche Bedeutung der Wörter auf dem „Help-Vocabulary"-Blatt.
- Nutze ggf. auch das alphabetische Wörterverzeichnis im Lehrbuch.
- Wenn du mit der Aufgabe nicht zurechtkommst, lies meine Hilfehinweise unten auf der Seite durch. Dort führe ich dich durch die ersten Stationen. Hab Spaß auf deiner Tour durch Großbritannien! =)

- ▹ Rätselcharakter macht Lernen spannend
- ▹ Lernen in der realen Welt(-darstellung)

Reflexive Schüler:innenaktivierung

Beispiel 49: Schüler:innenaktivierung/Dramen/11. Kl./Deutsch

Anmerkung: Der Aufgabe voraus ging die Behandlung des Aufbaus von Dramen anhand der Freytag'schen Dramentheorie. Das Drama „Maria Stuart" von Schiller wurde im Rahmen der Dramentheorie bearbeitet.

Überlege dir eine dramatische Situation aus deinem Alltag und skizziere eine pyramidale Struktur dazu. Du kannst fiktionale Details oder Situationen nutzen. Ein Drama endet entweder in einer Katastrophe oder einem Happy End (es kann also auch eine Komödie sein).

- ▹ Lebenswelt der Schüler:innen wird berücksichtigt
- ▹ reflexives Denken wird angeregt
- ▹ Literaturverständnis durch Übertragung auf den Alltag
- ▹ Auseinandersetzung mit herausfordernden Situationen des eigenen Lebens kann Lernende stärken

Beispiel 50: Schüler:innenaktivierung/Neujahrsvorsätze/9. Kl./Deutsch

Zu Jahresbeginn:

Hast du dir etwas für das neue Jahr vorgenommen? Wähle einen Charakter von den Peanuts, mit dem du dich wenigstens ein bisschen identifizieren kannst und formuliere deine Vorsätze oder einen individuellen Motivationsslogan für dich in die Gedankenblase.

Bild der Peanuts

▷ Lebenswelt der Schüler:innen wird berücksichtigt
▷ reflexives Denken wird angeregt
▷ Sprachförderung

Beispiel 51: Schüler:innenaktivierung/Tagebucheintrag/7. Kl./Englisch

Homeschoolingdiary

In addition, it will be part of your Friday lesson(s)to write a "homeschoolingdiary" about your life and time in homeschooling, what you do, how you feel, ... and so on – I will give you the task for that on Friday.

I want to see your diary and diary entries when we are back at school – but I won't check or read them in detail, if you do not want this. So you can write about your private thoughts.

Daraus resultieren Aufgaben für jede Woche wie zum Beispiel

Reflexion: homeschoolingdiary

Task: It is time for another entry in you homeschoolingdiary. Here are some questions which you could answer in your diary entry.

- *What was your week/day like?*
- *How do you feel at the moment?*
- *What are you looking forward to?*
- *What are you angry/sad/disappointed/... about?* •...

Write your diary entry (minimum 50 words). Include all the formal elements (date, greeting, goodbye ...) of a diary entry.

▷ Lebenswelt der Schüler:innen wird berücksichtigt
▷ reflexives Denken wird angeregt
▷ Auseinandersetzung mit Situationen des eigenen Lebens kann Lernende stärken
▷ Sprachförderung

Beispiel 52: Schüler:innenaktivierung/Lebensziele/7. Kl./Religion

Anmerkung: Dieser Aufgabe vorangegangen ist eine Auseinandersetzung mit Stars und Idolen.

Jeder Mensch braucht Lebensziele. Notiere dir 2 wichtige Lebensvorstellungen für dein späteres Leben. Erkläre dann, was du tun möchtest, um das zu erreichen.

Ich möchte später unbedingt ... Um das zu erreichen, werde ich ... Diese Grenzen werden mir dabei begegnen ...

- Lebenswelt der Schüler:innen wird berücksichtigt
- reflexives Denken wird angeregt
- Sprachförderung
- Motivation wird angeregt
- imaginäres Denken wird gefördert

Interaktive Schüler:innenaktivierung

In der Studie wird eine Vielzahl an interaktiven Nutzungsmöglichkeiten beim Lernen in den einzelnen Fächern deutlich. Im Folgenden sollen ausgewählte Websites einen Einblick in die Möglichkeiten geben:

Selbst zu erstellende interaktive Übungen

Mithilfe folgender Links können individuell an den Unterricht angepasste Übungen, Abfragen oder Quiz erstellt werden:

https://learningapps.org/
https://www.menti.com/
https://quizlet.com/de
https://doodle.com/de/

Nutzung interaktiver Übungen, Tests und Demonstrationen

In den verschiedenen Fächern werden auch fachspezifische Websites genutzt, um Tests, Texte oder Übungen aufzugreifen, so etwa die folgenden:

Mathematik:	https://www.geogebra.org/
	https://www.mathepower.com/
Musik:	https://www.theorie-musik.de/
GRW/Politik:	https://www.bpb.de/
	https://www.wirtschaftundschule.de/
Religion:	https://www.bibleserver.com/
	https://www.bibel-online.net/
	https://www.ethikrat.org/
Informatik:	https://structorizer.com/
Deutsch:	https://www.schreiben.net/
	https://wortwuchs.net/
Physik:	https://www.thinglink.com/de/

verschiedene Fächer:	https://www.testedich.de/ https://anton.app/de/ https://testen-und-foerdern.klett.de/login/

Nutzung von Nachschlagewerken

Ein weiteres Tool für das Homeschooling ist die Nutzung von interaktiven Nachschlagewerken, so beispielsweise Folgende:

https://www.duden.de/
https://de.langenscheidt.com/fremdwoerterbuch
https://de.pons.com

Nutzung von Wissens- und Erklärseiten

Um Themen, Zusammenhänge und Strukturen zu erläutern, können in den verschiedenen Fächern auch folgende Websites hilfreich sein. Besonders häufig wird auch auf Erklärvideos zurückgegriffen, die teilweise selbst von den Lehrkräften produziert und beispielsweise verdeckt auf Channels gestellt werden. Teilweise wird auch auf vorhandene Erklär- oder Dokumentationsvideos zurückgegriffen:

Wissens- und Erklärwebsiten:	https://www.schulwissen24.de/ https://planet-wissen.de/ https://www.helpster.de/ https://de.universaldenker.org/ (speziell für Physik) https://www.sofatutor.com/ (Kosten entstehen)
Videowebsiten:	https://www.zdf.de/doku-wissen https://info.arte.tv https://www.youtube.com/

Beispiel 53: Interaktive Schüler:innenaktivierung/virtueller Ausflug/9. Kl./ Gesellschaft-Recht-Wirtschaft

Ein kleiner Ausblick: Am 25.01.2021 sind wir um 13:00 zu einer ONLINE-Führung im Sächsischen Landtag angemeldet und werden danach in einer Konferenz mit dem Abgeordneten **** ins Gespräch kommen. Ihr könnt also schon mal überlegen, welche Fragen ihr einem erfahrenen Landespolitiker und gestandenen Juristen stellen möchtet. Ich hoffe, dass ich euch schon bald mitteilen kann, wie das Ganze genau funktionieren wird. Aber ich schlage schon mal vor, dass ihr euch für den Nachmittag, also ab 13:00 bis ca. 14:30 Uhr, nichts anderes vornehmt und einen Rechner mit guter Internetverbindung bereitstellt. Solltet ihr da Probleme sehen, sagt mir Bescheid.

- ▹ neue Erfahrungen und reale Einblicke werden den Schüler:innen ermöglicht
- ▹ Gespräch mit Politiker via Videokonferenz

- ▹ Kommunikationskompetenz wird gefördert
- ▹ Motivation wird angeregt

Beispiel 54: Interaktive Schüler:innenaktivierung/Whatsapp/10. Kl./Französisch

Faites un whats-app-voice …

- Dites qc à proposde vous(nom, etc.)
- Vous passez des vacances: *où*
- *activités*
- *la météo*

Sendet mir die Whats-App (oder PC-Audio) zu.

- ▹ Sprachförderung in der Fremdsprache
- ▹ Motivation wird angeregt
- ▹ Hemmnis des Sprechens in einer anderen Sprache wird niedrigschwellig angegangen

Kreative Schüler:innenaktivierung

Beispiel 55: Kreative Schüler:innenaktivierung/7. Kl./Musik

Anmerkung: Vorangegangen ist dieser Aufgabe die Erarbeitung des Werkes „Te Deum" von Marc-Antoine Charpentier. Dieses wurde gehört, analysiert und der historische Hintergrund untersucht.

Verfasst einen eigenen Liedtext zur Melodie des Refrains. Das Thema könnt Ihr frei wählen.

- ▹ Lebenswelt der Schüler:innen wird berücksichtigt
- ▹ kreatives Denken
- ▹ Sprachförderung
- ▹ Motivation wird angeregt

Beispiel 56: Kreative Schüler:innenaktivierung/7. Kl./Musik

Anmerkung: Vorangegangen ist dieser Aufgabe eine Höranalyse und Internetrecherche zu den Werken „Reverie" von Ludovico Einaudi und „Träumerei" von Robert Schumann.

Entwickelt eine Filmszene, in welcher die Musik eine zentrale Rolle spielt.

- ▹ Lebenswelt der Schüler:innen wird berücksichtigt
- ▹ kreatives Denken

- ▹ Motivation wird angeregt

Beispiel 57: Kreative Schüler:innenaktivierung/6. Kl./Latein

Anmerkung: Vorangegangen ist dieser Aufgabe ein Hörspiel zu den Abenteuern des Odysseus mit dem Teil „Das trojanische Pferd".

Gestaltet ein CD-Cover zum Hörspiel. Nutzt das „ABB_CD-Cover" als Vorlage.

Hinweis: Ihr könnt das Cover am PC gestalten oder euch ausdrucken.

- ▹ kreatives Denken
- ▹ imaginatives Arbeiten
- ▹ Motivation wird angeregt

Beispiel 58: Kreative Schüler:innenaktivierung/6. Kl./Latein

Anmerkung: Vorangegangen sind Hör- und Lesetexte über die römischen Götter und deren Verehrung im alten Rom.

Stelle dir vor, du machst eine Zeitreise und verbringst zusammen mit Aulus ein paar Stunden in einem römischen Tempel. Schreibe einen Reisebericht, in dem du von deinen Beobachtungen im Tempel berichtest. Bringe möglichst viele Punkte, die du heute gelernt hast, mit ein.

- ▹ kreatives Denken
- ▹ imaginatives Arbeiten
- ▹ Sprachförderung
- ▹ Motivation wird angeregt

Beispiel 59: Kreative Schüler:innenaktivierung/8. Kl./Latein

Auftrag A: Learning-App erstellen

Erstelle zum Vokabular der Lektion 29 eine Learning-App.

1 Melde dich hierfür mit deiner E-Mail-Adresse an: *Link*
2 Gehe auf „App erstellen" und wähle eine Möglichkeit aus.
3 Wenn du die App erstellt hast, gehe auf „App speichern" und schicke mir per Mail den Link zu deiner App (wähle den mittleren Link zum Vollbildmodus). Wir werden diese dann nach den Ferien zum Üben benutzen.

ODER:

- Erstelle zum Vokabular der Lektion 29 eine Vokabelübung mit Lösungsblatt. Stelle es als PDF in den Ordner „Vokabelübung" auf Lernsax ein. Alles ist erlaubt und darf bunt durchmischt werden!

▹ kreatives Denken
▹ Vokabeltraining
▹ Motivation wird angeregt
▹ Lehrer:innenperspektive wird von den Schüler:innen eingenommen
▹ Wahloptionen sind gestellt
▹ interaktives Lernen und Arbeiten wird ermöglicht
▹ eigene Schwerpunktsetzungen auch in der inhaltlichen Ausgestaltung sind gegeben
▹ Anregungen sind gegeben, Offenheit vorhanden
▹ verschiedene Lerntypen können unterstützt werden

Beispiel 60: Kreative Schüler:innenaktivierung/6. Kl./Biologie

Anmerkung: Vorangegangen ist dieser Aufgabe eine Auseinandersetzung mit äußeren Merkmalen von Insekten. Dazu haben die Schüler:innen Texte gelesen und interaktiv ein Quiz gespielt.

Erfinde ein neues Insekt. Zeichne oder baue es aus Materialien deiner Wahl! Suche dazu in deiner Fantasie. Einzige Regel ist, dass die äußeren Merkmale der Insekten zutreffen müssen.

- Gib deinem Insekt einen Namen!
- Zusatz: In welche Ordnung (Käfer, Schmetterlinge …) der Insekten gehört dein Tier?

▹ kreatives Denken
▹ imaginatives Arbeiten
▹ Verbindung von Motorik, Kognition und Imagination
▹ Motivation wird angeregt

Motorische Schüler:innenaktivierung

Beispiel 61: Motorische Schüler:innenaktivierung/6. Kl./Latein

Verben sind gut! =)

Konjugationspuzzle (Präsens)

Mit dieser Übung festigen wir noch einmal das Präsens und die Zuordnung der Verben zur richtigen Konjugationsklasse. Bearbeite das „Konjugationspuzzle". Schneide dazu die Bildteile aus und ordne sie dem Raster mit den Zahlen richtig zu. Wenn du richtig gepuzzelt hast, kannst du sehen, wie die Römer früher gespeist haben.

- Verbindung von Motorik und Kognition
- Förderung des grammatikalischen Denkens
- Motivation wird angeregt

Sport: Klasse 5–12

Klassenstufe 5 und 6

Auch die Sportlehrkräfte geben im Rahmen der Studie interessante Impulse für die Unterrichtseinheiten im Homeschooling, so beispielsweise mit einem Programm von Malaika Mihambo, die eine deutsche Leichtathletin ist. Neben ihrer Schwerpunktdisziplin Weitsprung geht sie auch im Sprint an den Start. Während der Zeit der Pandemie hat sie ein im Internet initiiert, das „Herzsprung" hieß. Es wird gemeinsam mit dem Verein „Starkmacher" realisiert. Sie präsentiert unter einem regelmäßig wechselnden Motto Tagesaufgaben und kleine Challenges für die Schüler:innen. Das Motto ist Bewegung, Abwechslung und Lernen zuhause. Lehrkräfte setzen dieses Programm beispielsweise für die Klassenstufen 5 und 6 ein. Das Programm weist folgende Schwerpunkte auf:

Meditations-Monday

Tu-was-Gutes-Tuesday

Wünsch-dir-was-Wednesday

Thriving-Thursday

Fragen-Friday[26]

Folgendes Beispiel zeigt die Anwendung des Programms im Rahmen des Homeschoolings:

Beispiel 62: Motorische Schüler:innenaktivierung/5. Kl./Sport

Hallo liebe Sportler:innen unserer Klasse 5,

ich hoffe, dass alle von euch gesund sind und ihr euer Lächeln nicht verliert.

Je länger der Lockdown dauert, desto mehr zahlt sich euer Ausdauertraining von Beginn an aus, denn ihr könnt inzwischen die Zähne zusammenbeißen und schafft es auch, eine anhaltende Belastung auszuhalten und durchzustehen.

Da ich inzwischen euch und das Sporttreiben mit euch im direkten Unterricht auch sehr vermisse, ist es an der Zeit, dass wir uns wenigstens einmal so nah, wie das jetzt nur möglich ist, begegnen. Deshalb möchte ich eine Unterrichtsstunde am Dienstag dazu nutzen, mich mit euch in einer Konferenz zu treffen. Ich schicke noch eine Mitteilung dazu.

Da wollen wir einmal direkt über eure Erfahrungen und Befindlichkeiten mit und bei den Sportaufgaben sprechen, wie ihr mit allem zurechtkommt und die Tagesaufgabe der 2.TE auswerten. Die Konferenz soll am Dienstag, den 19.1. von 11.00 bis 11.45 Uhr stattfinden.

Schon am WE klopft jetzt Väterchen Frost etwas heftiger an die Tür, zumindest nachts. Das hat mich dazu bewogen, eine „Meditations-Monday-TE" und „Tu-Was-Gutes-Tuesday-TE" für euch auszuwählen, die zu diesen Temperaturen passen.

Obwohl die Videos im Mai produziert wurden, soll es auf unsere imaginäre Arktisexpedition in dieser Woche zugehen. Darauf gilt es, sich vorzubereiten mit:

1) Malaika Mihambo-Herzsprung lädt ein „Meditation-Monday" vom 11.5.2020, Dauer: 28:05 min. *Link*. Als 2.TE für heute irgendwann oder gleich im Anschluss kommt noch die
2) Malaika Mihambo-Herzsprung lädt ein „Tu-Was-Gutes-Tuesday" TE vom 12.5. Dauer: 22:40 min., *Link*

Sport frei! Und ich freue mich auf euch morgen!

- ▹ Bewegung, Ausdauer und Zur-Ruhe-Kommen werden trainiert
- ▹ Motivation wird gestärkt
- ▹ Resilienz wird gefördert

26 Vgl. https://www.leichtathletik.de/training/trueathletes-at-home/training-drinnen-draussen/kindertraining-mit-malaika-mihambo

- auf das eigene Wohlergehen und die physische sowie psychische Konstitution wird geachtet

Beispiel 63: Motorische Schüler:innenaktivierung/7. Kl./Sport

Hallo liebe Kletterinnen & Kletterer unserer 7,

© *Jeanette Zehentmayer*

für diese Woche bleiben wir, noch einmal am Beweglichkeitstraining dran. (Video 1 bzw. 2 aus Dezemberanleitung). Davon profitieren wir immer, auch in anderen Sportarten. Dazu kommt heute ein Kletter-Krafttraining als Pflichteinheit für alle in 2 Serien:

1) Fingerkraft: je 20x beide Hände an gestreckten Armen fest zur Faust ballen, die 4 Sek. halten, dann öffnen für 1) die Fingerkraft geht als Alternative auch Teigkneten. Versucht es doch vielleicht einmal, wer möchte, mit Brot- oder Brötchen-Backen in der Lockdown-Zeit. Besprecht das mit euren Eltern. Das ist geniales und nützliches Kletter:innen-Training!
2) Armstützkraft: 20 Liegestütze langsam ausgeführt
3) Armzugkraft: Klimmziehen, wo immer möglich, maximale Anzahl
4) Rumpfkraft Rücken: 20 Rumpfheben aus der Bauchlage (ca.20 cm hoch), dabei Arme und Hände seitlich in Kopfhöhe halten
5) Körperspannung/Rumpfkraft/Bauch: Planking, beginnend mit 1 min. und später steigernd jeweils um 15 Sek.
6) Brust-und Schultermuskulatur: einen Ball oder ein Kissen vor dem Körper mit nach vorn gestreckten Armen zusammendrücken und 5 Sek. maximal fest halten, dann lockerlassen und wiederholen (10x)

Für die neue Woche (11.1.-15.1.) möchte ich hier schon mal etwas vorbereiten, denn auch ihr müsst da in Vorleistung gehen: Als neue Motivation für das Training zu Hause möchte ich euch am Montag ein zweites Video mit Janja Garnbret zeigen, diesmal in einer anderen Disziplin: dem Bouldern.

Zu dessen Regeln seht ihr euch bitte die beiden Screenshots im Anhang (alles in der Plandatei Sport am Do) an! Das Video „Janja Garnbret-Finals Boulder-IFSC Climbing world championchips-Innsbruck 2018" 7:31 min. (im Anhang) wird am Ende sehr emotional, denn sie wird darin Boulder-Weltmeisterin 2018 und zeigt die ganze Schönheit dieses Sports.

Bouldern, aber auch Lead-Klettern als Wettkampfsport, ist in den letzten 5 Jahren immer dynamischer, kraftintensiver und auch spektakulärer geworden. Dazu („höher – schneller – weiter“) soll sich bis zum nächsten Donnerstag jede/r seine eigene Meinung bilden, über die wir in einer Videokonferenz sprechen werden, denn ihr habt inzwischen auch eigene Klettererfahrungen sammeln können. Bis dahin Sport frei!

- ▹ Beweglichkeits- und Krafttraining stehen im Fokus
- ▹ Motivation wird gefördert
- ▹ Motorik und Emotion werden miteinander verbunden
- ▹ Freude am Sport wird geweckt
- ▹ kritische Auseinandersetzung wird gefördert

Beispiel 64: Motorische Schüler:innenaktivierung/8. Kl./Sport

Liebe Sportler:innen unserer 8,

neue Motivation tanken wird immer wichtiger! Dafür habe ich euch wieder eine Stärkedemonstration von Janja Garnbret herausgesucht. One women show – Janja Garnbret (Hachioji-Tokio 2017) *Link*

Schaut einmal besonders auf den letzten move zum top in der 2. Route (gelb)! Ihr Arm ist schneller dort als unser Auge folgen kann → 2x diese Szene ansehen!! Das wird euch Kraft geben, weiter an euch zu arbeiten. Dafür verändern wir jetzt die Aufgaben für das „Sport-home-scooling“ etwas. Wir wollen gut vorbereitet sein auch auf einen länger dauernden Lockdown, in dem von uns allen Stehvermögen = Ausdauer verlangt wird. Deshalb müssen wir unbedingt jetzt auch darauf unseren Fokus richten. Das Programm für die nächsten 2 Wochen sieht folgendermaßen aus und lässt euch auch etwas Spielraum:

1) Grundlagenausdauer:
   entweder
   a) laufen/joggen mit mindestens 15 min. beginnen oder
   b) Rad fahren mit mindestens 30–40 min. beginnen oder
   c) spazieren/wandern mindestens 60 min.
2) Yoga mit Mady: Beweglichkeitstraining für Hüfte und Schulter: „Yoga Hüftöffner für Entspannung & Beweglichkeit/intensive Dehnung für flexible Hüften“ *Link*

- ▹ Grundlagenausdauer und Yoga werden trainiert
- ▹ Motorik und Emotionen werden miteinander verbunden
- ▹ Resilienz wird gefördert
- ▹ physische und psychische Stärke werden miteinander verbunden

Beispiel 65: Motorische Schüler:innenaktivierung/9./10. Kl./Sport

Ein anderes Format für die motorische Kompetenzentwicklung haben Sportlehrkräfte durch Stationstraining entwickelt, wie die folgende Darstellung zeigt:

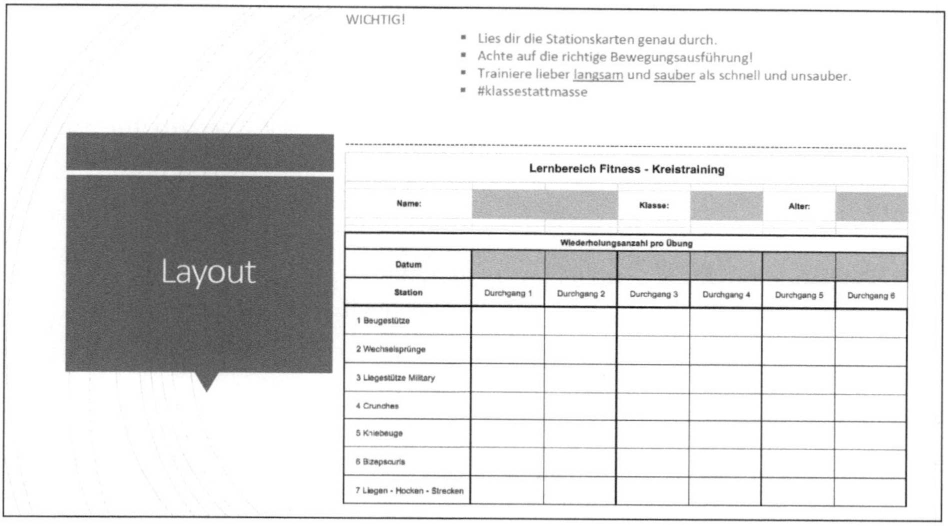

Lernbereich Fitness - Kreistraining

Name:		Klasse:		Alter:	

Wiederholungsanzahl pro Übung						
Datum						
Station	Durchgang 1	Durchgang 2	Durchgang 3	Durchgang 4	Durchgang 5	Durchgang 6
1 Beugestütze						
2 Wechselsprünge						
3 Liegestütze Military						
4 Crunches						
5 Kniebeuge						
6 Bizepscurls						
7 Liegen - Hocken - Strecken						

Abgebildet sind hier die 7 Stationen, die die Schüler:innen über einen vorgegebenen Zeitraum in mehreren Durchgängen durchlaufen und ihre Leistungen festhalten sollen.

- ▹ Fitnessübungen stärken die Beweglichkeit
- ▹ Dokumentation der Übungen sorgt für Nachvollziehbarkeit der eigenen Entwicklung
- ▹ Anschaulichkeit und kurze klare Stichpunkte ermöglichen gute Umsetzung auch ohne Lehrkraft
- ▹ Transparenz der zu trainierenden Körperzonen
- ▹ Motivation für die sportliche Betätigung

Folgende Stationskarten werden dazu an die Schüler:innen gegeben: *Es folgen Bilder mit Übungen und kurzen Beschreibungen sowie Anweisungen dazu*

Beispiel 66: Motorische Schüler:innenaktivierung/12. Kl./Sport

Hallo liebe Sport-Kursler*innen unserer 12,

wie in der Konferenz letzte Woche angekündigt, möchte ich euch für diese Woche neben dem obligatorischen Ausdauerprogramm einen neuen Input für die 2. TE geben.

Volleyball

a) Motivationstraining, den Damen Thailands und Japans nachzueifern: „one of the most dramatic match in women`s volleyball history" *Link*
b) Beweglichkeitstraining zur Ganzkörperschulung: „Yoga Flow für Kraft und einen starken Körper/Fokus Bauch Beine Po & Drehungen" (auf Island) *Link* 35:23

Wer einfach eine leichte Entspannungseinheit am Abend vor dem Schlafen machen will, für den ist folgende Video-Einheit zu empfehlen: „Yoga-Abendroutine für Anfänger …" 16:09 min. *Link*

Sport frei!

- ▷ Motivation für das Sporttreiben wird gestärkt
- ▷ Beweglichkeitstraining und Entspannungseinheiten stehen im Fokus

Sport: alle Klassenstufen

Schüler:innen werden in verschiedenen Jahrgangsstufen im Rahmen des Sportunterrichts im Homeschooling auch mit der Erstellung eines Trainingstagebuches konfrontiert, wie es die folgende Aufgabe zeigt:

Beispiel 67: Motorische Aktivierung/alle Schulstufen/Sport

Bitte führt ab jetzt „Trainingstagebuch" (A4-Blatt), auf dem ihr alle eure Trainingseinheiten mit Datumangabe und Uhrzeit+ Dauer+ Art der TE und für das GA-Training die Fortbewegungsart, Zeit+ungefähre Streckenlänge+Datum festhaltet.

Einen 1. Zwischenstand davon möchte ich von jeder/m bitte am … bis …. Uhr.

- ▷ Dokumentation der Übungen sorgt für Nachvollziehbarkeit der eigenen Entwicklung
- ▷ ggf. Motivation durch Nachverfolgung der individuellen Entwicklung

Soziale Schüler:innenaktivierung

Beispiel 68: Soziale Schüler:innenaktivierung/5. Kl./Englisch

Liebe Klasse 5,

das laute Vorlesen wird eure nächste kleine Note. Ihr habt eine Woche Zeit zu üben. Ich biete heute und am Donnerstag an, dass ihr mir Fragen zur Aussprache stellen könnt. Nächste Woche Mittwoch wäre dazu auch noch einmal die Gelegenheit. Nutzt unbedingt auch die Audiodatei zum Text. Ich bin heute (6.1.21) bei Lernsax -> Klasse 5-> Konferenz in der Zeit von 11:00-11:30Uhr für Fragen für euch verfügbar. Ansonsten per Mail.

In die Bewertung fließen folgende Punkte mit ein:

- Aussprache
- Betonung
- Flüssiges Sprechen
- Lautstärke
- Tempo

Zur Bewertung schickt ihr mir bitte eine Audiodatei von eurem gelesenen Text bis nächste Woche Mi., 13.01.21 (23:59) per Mail zu. Bitte beachtet: Der Text besteht aus 5 Abschnitten. Ihr sucht euch bitte 3 Abschnitte aus, die ihr gern lesen möchtet. Hier findet ihr noch einige Tipps für das Üben:

- Überlegt euch: Habe ich den Text verstanden? Falls es noch da noch Unklarheiten gibt, fragt bei Mitschülern nach oder fragt mich in der oben angegebenen Chat-Zeit.
- Kopiert euch den Text und markiert euch Wörter, die euch besonders schwerfallen. So wisst ihr genau, welche Wörter ihr noch üben müsst.
- Markiert euch in einer anderen Farbe, welche Stellen ihr besonders betonen wollt.
- Übt den Text schrittweise.
- Übt den Text abschließend komplett.
- Hört euch auch die Audiodatei zum Text noch einmal an. Sprecht leise mit der Audiodateimit.
- Ruft einen Mitschüler an. Lest euch gegenseitig den Text vor und gebt euch Tipps.

▷ mündliche Sprache wird auch in der Fremdsprache gefördert
▷ Schüler:innen sollen gemeinsam üben (Möglichkeiten werden dargelegt)
▷ Lehrkraft steht den Schüler:innen auf verschiedenen Wegen helfend zur Seite
▷ Leistungserbringung erfolgt in Ruhe über eine Audio-Aufnahme, die ggf. auch mehrfach gemacht werden kann
▷ Schüler:innen können sich Abschnitte für das Vorlesen auswählen
▷ methodische Hinweise zum Üben werden gegeben
▷ Motivation wird angeregt

Beispiel 69: Soziale Schüler:innenaktivierung/9. Kl./Englisch

Feedback – *Coast to coast: characterization*

Let's have a look at your characterizations.

Read your partners characterization and give him/her feedback by using the feedback sheet. Important: You will have to read the text more than once.

a) Start with the language mistakes. Check the text for spelling mistakes and mistakes on work order. Mark the mistakes in the text.

Write a comment on the feedback sheet. (What did he/she do well? What are very common mistakes?)

b) Check for aspects that every text should have and typical features of a characterization (on your feedback sheet). Also write a comment.
c) Check for content. (Is the text detailed enough? Does the text make sense? Is the text coherent? (= Lässt er sich flüssig lesen oder gibt es Gedankensprünge oder endet er vielleichtabrupt?) Write a comment.
d) Give an overall feedback on the text (page 2 of feedback sheet).

Send your feedback sheet and your corrected text to your partner and to me by

Friday, 19 February (23:59).

Wer gibt wem Feedback?

Um sicher zu gehen, dass alle, die die Aufgabe sehr ernst genommen und fleißig erledigt haben, auch Feedback bekommen, folgt ihr bitte folgender Liste.

Name gibt Feedback	zur Charakterisierung von …
Lisa	Steffen
Laura	Hasan
…	…

- ▹ Schüler:innen werden schrittweise zu Feedback in der Fremdsprache geführt
- ▹ Feedback wird organisiert (wer wem ein Feedback gibt, wird festgelegt)
- ▹ Anforderungen an ein Feedback werden definiert
- ▹ Schüler:innen können sich gegenseitig Anregungen geben und voneinander lernen
- ▹ Motivation wird angeregt

Beispiel 70: Soziale Schüler:innenaktivierung/9. Kl./Geographie

Im Rahmen der Studie wurden auch Materialien analysiert, die Lehrkräfte extra dafür anfertigten, um den Zusammenhalt ihrer Schüler:innen als Klasse zu fördern – und gleichzeitig Kompetenzen im Rahmen ihres Faches zu entwickeln. So beispielsweise eine Audio-Geschichte, die ein Lehrer für seine Klasse schrieb. Darin berichtet er über knapp 20 min, wie die Klasse im Jahr 2020 auf Klassenfahrt geht – sie machen eine Reise mit einem Schiff.

Mit allerlei Anekdoten, angefangen von Schülerinnen, die zu viel Gepäck mitnahmen bis hin zu Lehrkräften, die irgendwelche ganz wichtigen Studienaufgaben während der Reise stellten, führt er die Klasse gedanklich bis in die Karibik. Immer wieder baut der Lehrer auch dramatische Elemente ein – vom Haiangriff bis hin zur Rettung via Gummiente. Auch Liebeleien, Flirten und Freundschaften spielen immer wieder eine Rolle. Fast nebenbei werden die Passatwinde, die Corioliskraft und Hurrikans thematisiert und erläutert.

Vor allem der zunehmende Wind stellt die Klasse immer wieder vor neue Herausforderungen. Ein Segelmast bricht, ein Lehrer geht über Bord – eine heldenhafte Rettung der Schüler beginnt.

Der Wind blieb weiterhin eine Herausforderung. Die Klasse scheint nicht mehr nachhause zurückzukehren. Schließlich singt der Lehrer das Lied „Amazing Grace“ – oder versucht es zumindest. Alle Schüler:innen machen noch einmal das, was sie am liebsten machen – der Lehrer scheint das ziemlich gut zu wissen und sorgt dabei immer wieder für ein Schmunzeln.

Es kommt dazu, dass alle über Bord gehen und schließlich zur USA schwimmen sollen. Der eine oder andere schwimmt in die falsche Richtung, der Rest kommt an. Wieder wird der Hurrikan, die Überflutungen und weitere Folgen thematisiert.

Die Klasse fährt landeinwärts und der Lehrer erklärt, warum das Wetterphänomen dann schwächer wird. Die Schüler:innen stimmen wieder ein Lied an – der Lehrer singt es im Hörspiel an.

Die Klasse fährt in Richtung Norden und alle fühlten sich sicher. Doch ein Tornado zieht auf. Der Lehrer erläutert das Phänomen.

Eine Kuh landet auf dem Bus. Ein Schüler schnappt sich ein Mädchen und reitet auf der Kuh davon. Von ihnen wird nichts mehr gehört. Sie leben nun einsam im Wilden Westen.

Ein Lehrer will die Luftzusammensetzung verändern, damit sich der Tornado verändert. Der Lehrer erklärt, warum das nicht so einfach ist. Er erläutert auch den Energieaustausch zwischen kalter und warmer Luft.

Ein Baum auf der Straße versperrt der Klasse den Weg. Wieder machen die Schüler:innen das, was sie am liebsten machen, da sie glauben, dass im Angesicht des Tornados keine Chance mehr für ihr Überleben besteht. Da der Lehrer seine Schüler:innen sehr gut zu kennen scheint, gibt es auch an dieser Stelle lustige Anekdoten.

Eine Schülerin schreit schließlich den Tornado an, dass er verschwinden solle. So geschieht es auch und die Klassenfahrt und damit die Geschichte endet.

- Motivation fördern
- Kognition, Soziales und Emotionen fördern
- Freude und Witz beim Lernen
- Besonderheiten der Schüler:innen (Vorlieben, Interessen, „Macken“) werden eingebaut

Beispiel 71: Soziale Schüler:innenaktivierung/10. Kl./Geographie

Wir stellen uns vor …

In Fort-de-France (Martinique) soll ein neuer Hafen entstehen, der kreuzfahrttauglich ist (Vertiefung Fahrrinne, breite Docks, breite Zufahrtsstraßen, Bau Passagierterminal, Bau Flughafen, etc.). Das Kreuzfahrtunternehmen Dimmelanga würde den Bau zu 50% finanzieren!

Im Stadtrat wird nun politisch darüber diskutiert, ob man dem Bau zustimmt. Dazu werden Experten/Lobbyisten aus verschiedenen Gruppen eingeladen.

Bild aus dem Atlas

Erarbeitung der Leitfrage durch eine Podiumsdiskussion:

Leitfrage: Soll dem Bau des neuen kreuzfahrttauglichen Hafens in Fort-de-France (Martinique) durch den regionalen Stadtrat zugestimmt werden

Gruppe 1	Gruppe 2	Gruppe 3	Gruppe 4	Moderation
Die Grünen und Green-Peace	Vertreter des Verbandes für soziale Entwicklung und den Erhalt der kulturellen Identität von Martinique	Wirtschaftsvertreter der Region	Personalrat Dimmelanga (zuständig für die Angestellten an Bord)	

Aufgabe:

- *Trefft euch in eurem privaten Gesprächsraum – aktiviert eure Mikrofone!*
- Tragt Argumente konkret für eure Interessengruppe zusammen (was wollt ihr, warum wollt ihr es, was spricht dafür … Es kann Pro und Kontra geben!).
- Ihr solltet euch ggf. zu den Aufzeichnungen von letzter Woche noch stichpunktartig Argumente ergänzen – es ist auch gern Spielraum für Argumente, die nicht im Material waren (dafür müsste man nachdenken ;-))
- Bestimmt einen Chefredner eurer Gruppe! ABER: es können sich dennoch alle in die Diskussion einhaken!

▷ Planspiel-Aufgabe als Podiumsdiskussion hat eine Nähe zu Situationen wie sie auch im Alltag und der Gesellschaft anzutreffen sind
▷ Einzelgruppendiskussionen werden von den Schüler:innen selbstständig durchgeführt und damit die Podiumsdiskussion vorbereitet
▷ Diskussionen werden online ermöglicht
▷ Aufgabe ist mit Humor formuliert
▷ Motivation wird angeregt

Beispiel 72: Soziale Schüler:innenaktivierung/11. Kl./Deutsch/Theater

„Maria Stuart" – hygienisiert! M-N-Schutz, AHAL-Regeln, Don't touch and kiss!

„OMG, wir werden berühmt!"

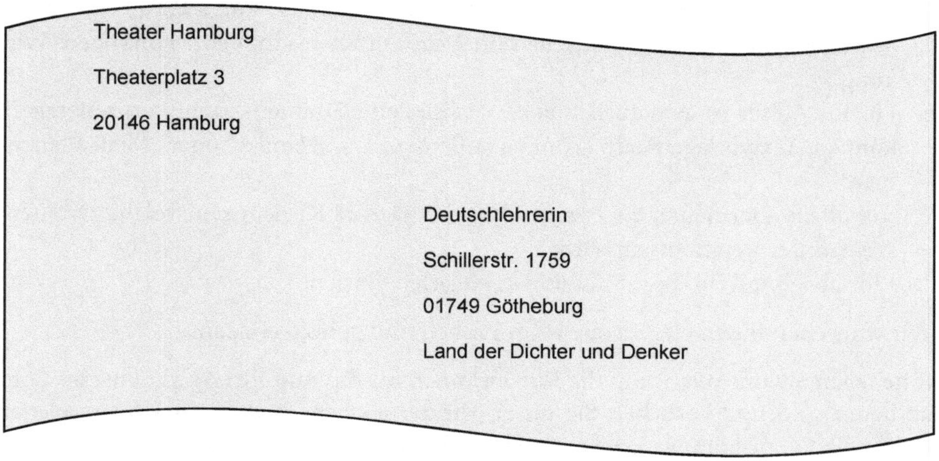

Sehr geehrte Frau Lang,

mit Freude habe ich Ihren Brief gelesen. Heute möchte ich Ihnen mitteilen, dass wir uns im Team besprochen haben und Sie und Ihren Deutsch-Leistungskurs gern als Ensemble für die Aufführung von Schillers „Maria Stuart" buchen möchten. Letztlich hat uns besonders Ihre Einschätzung zu Ihren 14 Schüler:innen als weltoffene, wissbegierige, kreative, impulsive, humorvolle und empathische Menschen überzeugt. Gleichsam ist uns natürlich bewusst, dass die Schüler:innen eine Laien-Theatergruppe bilden, insofern können Sie sie also beruhigen. Anstatt einer Gage können wir Ihnen lediglich ein kleines Entgelt anbieten, damit Sie den Kurs bei Gelegenheit auf ein Eis einladen können.

Bis zur Generalprobe in unserem Haus bitte ich Sie nun um Folgendes:

1. Lassen Sie die Schüler:innen in kleinen Übungsgruppen à 3–5 Personen zusammenkommen und die Szenen einstudieren.
2. Achten Sie unbedingt auf Corona-Hygienemaßnahmen.
3. Stellen Sie ihnen folgende Szenen zur Wahl:
   a) I Aufzug, 7 Auftritt (3er-Gruppe)
   b) II, 3–4 (5er)
   c) III, 4–7 (5er)
   d) IV, 6–7 (4er)
   e) V, 5–7 (4er)
   f) V, 13–15 (3er)
4. Wählen Sie pro Gruppe eine Regie führende Person, welche die Schauspieler:innen berät und eventuell eine kleine Rolle spielt.

5. Die Schüler:innen sollten sich im Anschluss Feedbacks geben.
6. Verdeutlichen Sie den Schüler:innen, dass es zum Verständnis eines Dramas beiträgt, sich Szenen und Figuren in ihren Gefühlen und Handlungen vorstellen zu können.
7. Auch die literarische Sprache Schillers wird innerhalb einer Performance viel besser verstanden und stilistische Mittel etc. entfalten somit eine konkretere Wirkung.
8. Für ihr Abitur ist es natürlich auch wichtig, eine Dramenszene interpretieren zu können. Textvorlagen dafür können außerdem aus „Hamlet“ oder „Medea“ stammen.
9. Vor allem aber sagten Sie bereits, dass die nächste Klausur eine solche Dramenszeneninterpretation sein wird.
10. Eine absolute Win-Win-Situation in vielerlei Hinsicht.

Wir wünschen Ihnen viel Freude beim Proben und gutes Gelingen.

Bitte teilen Sie uns mit, wann die Kursler:innen für die Aufführung auf unserer Bühne bereit sind und besuchen Sie unser Theater auch nach dem Lockdown wieder. Kulturelle Veranstaltungen prägen und erweitern unseren Tellerrand und sollten von jungen Menschen wahrgenommen werden.

Die Welt ist eine Bühne und wir sind lediglich Schauspieler! (Shakespeare)

Bleiben Sie und Ihre Schüler:innen gesund.

Mit freundlichen Grüßen

N. N.

Geschäftsleitung Theater Hamburg

Aufgaben:

Einigt euch auf eine Szene. Lest sie und markiert euch Textstellen, schreibt euch Kommentare und Gedanken an den Rand. Fertigt euch ggf. eine Skizze zur Umsetzung an. Besprecht euch und übt die Szene ein.

- ▹ Schauspiel-Aufgabe zur Übung von Dramenszenen-Interpretationen
- ▹ Schauspiel unter Corona-Auflagen
- ▹ Bezug zur Realität wird hergestellt
- ▹ Aufgabe ist mit Humor formuliert
- ▹ Motivation wird angeregt

Emotionale Schüler:innenaktivierung

Beispiel 73: Emotionale Schüler:innenaktivierung/11. Kl./Geographie

Der Geographielehrer war in der Vergangenheit in den USA. Die Lernenden sehen ausgewählte Videos des Lehrers und begeben sich damit auf eine Reise mit ihm, um den geographischen Föhn zu untersuchen.

Anmerkung: Der Aufgabe vorangegangen ist eine Recherche zur Lage des Death Valley in Kalifornien. Markante Lagemerkmale wurden erarbeitet und Begründungsansätze für die Landschafts- und Klimamerkmale gefunden.

Ein Road Trip durch den Wilden Westen

Beobachte die Autofahrt von Herrn X (der Geographielehrer) und notiere für Station A (= Video 3) sowie Station B (=Video 4 & 5) die sichtbaren Temperaturwerte an diesem Februartag 2020.

Was ist auffällig?

Achtung: Angabe der Temperatur ist in °F, da es ein amerikanischer Mietwagen ist.

- ▹ emotionale Beziehung zum kognitiven Lernstoff wird hergestellt, indem Schüler:innen an Reise des Lehrers teilhaben dürfen
- ▹ Bezug zur Realität wird hergestellt
- ▹ Motivation wird angeregt

Beispiel 74: Emotionale Schüler:innenaktivierung/7. Kl./Musik

Lieblingsmusik untersuchen und Klassenkameraden dafür aufschließen

Durchlauft mit eurem Lieblingslied oder Lieblingsstück die Hörstraße. Macht euch zu jeder Station ein paar Stichpunkte. Stellt eure Lieblingsmusik euren Mitschülern vor. Verfasst einen ansprechenden Text, der das Interesse weckt. (Umfang: ca. 1 Seite handschriftlich)

- ▹ emotionale Beziehung zur Musik wird hergestellt
- ▹ eigene Schwerpunkte dürfen gesetzt werden
- ▹ Schüler:innen lernen aus der Perspektive ihrer Lieblingsmusik kennen
- ▹ Motivation wird angeregt

Beispiel 75: Emotionale Schüler:innenaktivierung/8. Kl./Religion

Emotionalen Rückhalt finden

Anmerkung: Vorangegangen ist dieser Aufgabe eine Auseinandersetzung mit der Ebenbildlichkeit Gottes.

Reflexion und Vertiefung – Was nehme ich daraus mit?

Die heutige Stunde sollte dir ein wenig die Augen geöffnet haben, dass die Bibel den Menschen in ein ganz besonderes Licht rückt. Und ja – auch du bist Mensch und du stehst nun in einem besonderen Licht. Dessen sollten wir uns immer wieder bewusst werden, denn wir Menschen hinterfragen uns oft selbst oder müssen uns der Kritik anderer stellen. Es ist wichtig, dass man dann weiß, dass man auf einen ganz besonderen Rückhalt bei Gott und im Glauben zählen kann.

- Überlege, was heute für dich besonders bedeutsam war.
- Formuliere daraus eine Art Mutmach-Satz wie auf der hier abgedruckten Karte. Nutze auch deine Kreativität zur Verzierung deines Mutmach-Satzes.

▹ Emotionen wird Raum gegeben
▹ Reflexion wird angeregt
▹ der/die Lerner:in als Mensch steht im Zentrum
▹ Zuversicht und Mut werden gegeben

© Michaela Stastkova

Beispiel 76: Emotionale Schüler:innenaktivierung/10. Kl./Religion

Stundeneinstieg zum Thema „Entscheidungen treffen"

Inhaltlicher Einstieg – Ein Blick in dein Leben

Wir beginnen mit einer kleinen Aufgabe:

- Nimm dir einen Zeitmesser (Uhr oder Smartphone) und stelle einen Countdown von 1 Minute.
- Notiere in dieser Minute sämtliche Entscheidungen, die du in den letzten 7 Tagen gefällt hast. Und ich meine wirklich sämtliche Entscheidungen!

Los geht's! Na, wie viele hast du zusammenbekommen?

▹ Lebenswelt der Schüler:innen wird einbezogen
▹ Reflexion wird angeregt
▹ Bewusstsein wird geschaffen

Experimente im Homeschooling

Beispiel 77: Experimente/5. Kl./Biologie

Aktion der NABU: Vögel zählen

BIOAKTIV: ist mein Angebot deine freiwillige Teilnahme an der bundesweiten Aktion der NABU zur „Zählung der Wintervögel" mit einer 1 in Bio zu belohnen. So geht's: *Link*

© *Jeanette Zehentmayer*

- ▹ für die Natur sensibilisieren
- ▹ Bewusstsein wird geschaffen

Beispiel 78: Experiment/5. Kl./Biologie

Rezept für Vogelfutter selbst ausdenken

Gaststätte eröffnet!

1. Schreibe mit Hilfe der Animation „winterliche Snackbar" eine Speisekarte in Form einer Tabelle für mindestens 5 weitere Gäste deiner Wahl in deinen Hefter!

(Dazu kopierst du diesen Link und fügst ihn in die Suchmaske von Google ein.)

Name des Gastes	Foto	Lieblingswinterspeise
Elster		ganze Erdnüsse, Maiskörner

Seine Gäste sollte man kennen!

2. Schreibe eine Gästeliste mit Stammkunden, die du sicher erkennst!

Du bist unsicher? Dann hilft dir das Video! *Link*

3. Zusatz: Suche nach Ideen oder Rezepten, um zu Hause Futter für die Wintervögel herzustellen.

- ▹ Bewusstsein für die Natur wird geschaffen
- ▹ Engagement für die Vögel wird gestärkt
- ▹ kreative Ideen werden angeregt
- ▹ aktiv werden und für die Tiere da sein

Beispiel 79: Experiment/6. Kl./Physik

Volumen von Schnee bestimmen

Lass dir von deinen Eltern einen Messbecher aus der Küche geben. Fülle ein möglichst großes, aber noch ablesbares Volumen an Schnee ein. Lass den Schnee im Messbecher tauen und ließ das Volumen des Schmelzwassers ab. Beschreibe deine Beobachtung stichpunktartig.

- ▹ Naturphänomene beobachten
- ▹ Bestimmung und Berechnung an realen Gegebenheiten

Beispiel 80: Experiment/6. Kl./Geographie

Fruchtbarkeit des Bodens vor dem Haus bestimmen. Anmerkung: Vorangegangen ist der Aufgabe das Lesen eines Sachtextes zur Bestimmung der Fruchtbarkeit in kurzen Arbeitsschritten.

Wie fruchtbar ist der Boden in deinem Vorgarten/Garten oder vor dem Haus, in dem du wohnst? Beschreibe ganz kurz, was du beim Experimentieren herausgefunden hast.

- ▹ für die Natur sensibilisieren
- ▹ Bestimmung an realen Gegebenheiten

Beispiel 81: Experiment/9. Kl./Profilstunde

Wasserkonsum-Experiment

Aufgabe:

Ihr listet bitte auf, wie viel Flüssigkeit ihr zu euch nehmt. Ihr seid zu Hause und habt damit noch einem besseren Überblick, was und wieviel ihr täglich in euch reinschüttet.

Hinweise: Das geht am Besten in Tabellenform:

Datum	Art des Getränks	Volumen (ml)

Zu den Getränken zählen auch Kaffee, Säfte und Suppen.

Um das Volumen von Tassen und Tellern zu ermitteln, empfiehlt es sich, die unbenutzte Tasse oder den Teller mit der Menge an Wasser zu befüllen, die dem Volumen des Kaffees oder der Suppe entspricht. Dann das Wasser in einen Messbecher/Messbehälter füllen, das Volumen ablesen und notieren.

- ▹ für das Thema Wasser sensibilisieren

- ▹ Experiment mit den eigenen Bedürfnissen
- ▹ Berechnungen aus dem Alltag
- ▹ Messungen und Bestimmungen im Alltag

Beispiel 82: Experiment/9. Kl./Profilstunde

Pflanzen und Wasser

Stelle eine frisch geschnittene weiße Blüte des Alpenveilchens in ein Glas mit gefärbtem Wasser. Führe das Experiment durch und betrachte nach einem Tag, nach zwei Tagen und nach drei Tagen die Blüte. (Fotos!) Erkläre deine Beobachtungen!

Hinweise:

a) die Blüte: Wer zu Hause ein weißes Alpenveilchen hat, der nehme bitte davon eine Blüte. Es geht aber auch jede andere weiße Blüte wie Nelken, Freesie, Hyazinthe, Chrysantheme, Tulpe oder Orchidee. Weiß deshalb, weil man die Effekte dort besonders gut sieht. Ersatzweise gehen auch alle anderen hellen Blüten, z. B. rosa oder gelb. Wichtig ist, dass ihr die Blüte am unteren Ende noch einmal frisch anschneidet und den Stil nicht zu lang lasst.

b) gefärbtes Wasser: Ich würde euch blaue Tinte empfehlen. Je höher konzentriert die wässrige Lösung ist, umso besser funktioniert der Versuch. In reiner Tinte funktioniert es nicht! Wer Lebensmittelfarbe zu Hause hat, kann es auch damit probieren. Oder andersfarbige Tinte, obwohl die nicht immer zum Erfolg führt, wie wir in den letzten Jahren feststellen mussten. Was ich selbst noch nicht probiert habe, sind Ostereierfarben …

Und hier noch etwas für den „kleinen Experimentator“…

Man kann die Pflanzenstile auch mit einem sehr scharfen Messer (Teppichmesser) vorsichtig halbieren. Dann stellt man die Hälften der Blütestile in unterschiedlich gefärbtes Wasser, so wie in dem hier gezeigten Bild.[27]

- ▹ für die Natur sensibilisieren
- ▹ natürliche Vorgänge verstehen
- ▹ menschliche Eingriffe in natürliche Vorgänge nachvollziehen

27 Angelehnt an Baack, K.; Göbel, B.; Maier, A.; Marx, U.; Remé, R. (2009). NATURA Biologie für Gymnasien 1. Klett-Verlag.

Beispiel 83: Experiment/9. Kl./Profilstunde

Biotop

Führe folgendes Experiment zu Hause durch. Wiege 25 Gramm trockene Samen (z. B. Bohnen, Linsen, Erbsen … - Reis geht nicht!) ab und fülle diese in ein hohes Trinkglas. Markiere das Volumen, also die Höhe der Samen am äußeren Rand des Glases. Übergieße dann die Samen mit 100 ml Wasser, markiere den Wasserstand von außen und decke das Glas ab. Ermittle nach ein, zwei und drei Tagen das Volumen der Samen. Beobachte auch den Wasserstand. Vergleiche die Ergebnisse und erkläre sie! Dass das Wasser nicht nur für die Pflanzen und deren Entwicklung wichtig ist, sollte auch jedem klar sein. Das Leben entwickelt sich in den kleinsten Biotopen.

Link

Wenn ihr also im nächsten Sommer wieder in natürlichen Seen baden geht und einen Schluck Wasser zu euch nehmt, dann tötet ihr Unmengen an Kleinstlebewesen!

Weiterführende Aufgabe: Nehmen wir einmal an, wir hätten auf der Erde kein Wasser. Wie würde dann das Leben aussehen können? Gäbe es überhaupt „Leben"? Welche alternativen Formen könnte man sich vorstellen? Ich möchte euch dazu auffordern, zu diesem Szenario eure Meinung zu äußern.

- für die Natur sensibilisieren
- natürliche Vorgänge verstehen
- Beobachtungen festhalten und erklären
- Verständnis für das Leben im Kleinen entwickeln
- Szenarien entwickeln und durchdenken

Challenges im Homeschooling

Lehrkräfte haben im Homeschooling auch mit „Challenges" gearbeitet, d. h. sie haben ihren Schüler:innen regelmäßig Herausforderungen geboten, an denen sie wachsen sollten, wie die folgenden Beispiele zeigen:

© Jeanette Zehentmayer

Beispiel 84: Challenge/7. Kl./Englisch

Challenge 1

English challenge of the week

Call a friend and talk to each other in English for at least 3 minutes.

There are many topics which you can talk about in English, for example:

- what you/your family did during the Christmas holidays/on Christmas Eve
- presents you got for Christmas
- the weather
- how you feel at the moment and why
- what you did this week
- what you are going to do at the weekend
- a film/book/game you watched/read/played recently
- what you had for lunch today …
- …

And many, many more! Try it!

Challenge 2

English challenge of the week – Learn English with a song

There are many songs which contain our new grammar structure –the conditional II.

Thus, when listening to these songs, you can practice your English!

Challenge:

- pick a song (find ideas on the next slide)
- listen to it (as often as you want)
- search for the lyrics/songtext(+ print it)
- highlight (hervorheben) the sentences in conditional II
- try to translate the songtext

Here is my recommendation for you and some other examples.

You may find more if you search the internet ("song conditional 2").

My recommendation for you (Empfehlung)

- Young Rebel Set–*If I was https:Link****

→ easy to understand and you will already know a lot of the vocabulary
Other songs: Eric Clapton –*Tears in heaven*; Joan Osborne –*One of us*

Challenge 3

There are two English challenges this week …

Number 1: Silly excuses

Come up with a stupid/silly/funny/awkward/weird/true/made up/… excuse for not doing your homeschooling tasks.

→ remember the example from slide 2

You can combine photo and text like I did.

Or you just go with the text.

Send me your excuses (if you want) and I will include them in one of the next PowerPoint presentations.

Number 2: Say it in a letter … or postcard

These days you can send a message within seconds or phone a person to talk to him/her right away. But there are also other, maybe old-fashioned (*altmodisch*) ways to communicate:

- Surprise a friend of yours (or maybe one of your teachers?) with an unexpected and "slow" message – a letter or a postcard.
- It should be in English, of course!

There is one condition: Only write something to this person, if you have something nice to say to him/her. Use the school's address in case you want to do this.

- ▹ herausfordernder und alltagsnaher Aufgabencharakter
- ▹ Anregungen werden gegeben
- ▹ Aufgaben auf verschiedenen Niveaustufen realisierbar

Aufheiternde Schüler:innenaktivierungen

Imaginäre Schüler:innenfragen und Lehrer:innenantworten

Im Hinblick auf eine Leistungsfeststellung, die das Schreiben einer Kurzgeschichte beinhaltet, hat die Lehrkraft imaginativ Fragen von Schüler:innen aufgeschrieben, die sie selbst beantwortet.

Beispiel 85: Aufheiternde Schüler:innenaktivität/9. Kl./Deutsch

Können wir das nochmal üben?
Ja, das machst du jetzt Schritt für Schritt!

Und wie sieht das morgen überhaupt aus?
Genauso wie hier sieht das morgen aus: Du erhältst ein Bild von mir mit Aufgabenstellungen und dann darfst du alle Materialien benutzen.

Und wie soll ich da vorgehen?
Du kannst genauso wie hier in der 5-Schritt-Methode vorgehen.

Und eigentlich bin ich da gar nicht so kreativ!

Deutschunterricht hat auch mit Kreativität zu tun – genauso wie Sport mit Bewegung oder Mathe mit Rechnen. Du schaffst das schon und außerdem kannst du ja deine Kurzgeschichte Stück für Stück aufbauen – wie eine Lego-Burg.

Können wir nicht was anderes machen?
Nein, wir machen das genauso wie geplant.

Ich find das blöd!
Kannst du gern finden, ist ja Meinungsfreiheit in Deutschland:

Ein kleiner Hinweis: Blockiere dich nicht selbst durch negative Gedanken, sondern tu es einfach und geh positiv an die Sache heran.

- ▹ Humor und Leistungserbringung werden verbunden
- ▹ Motivation und Zuversicht werden gegeben
- ▹ bildliche Übertragungen und methodische Tipps werden ermöglicht

Lustiger Arbeitsauftrag/nicht ernst gemeinte Aufgaben

In der Vielzahl der Aufgaben, die die Schüler:innen absolvieren müssen, ist nicht jede ganz ernst gemeint und soll dann auch ein Lächeln in das Gesicht der Heranwachsenden zaubern, wie etwa die folgenden beiden Beispiele:

Beispiel 86: Lustiger Arbeitsauftrag/10. Kl./Geographie

Schau mal hier vorbei, um einen Überblick zu bekommen, wie solche Unternehmen werben – für Kunden und Mitarbeiter. Buche im Anschluss eine Kreuzfahrt für mich. *Link*

- ▹ Humor und Lernen werden verbunden

Beispiel 87: Lustiger Arbeitsauftrag/10. Kl./Mathematik

Schaut euch zur Wiederholung und Festigung das Video zu Folgen von Simple Maths an. Hinweis: Im Video wird i als Index benutzt, wir haben bisher n benutzt. Es ist eigentlich egal, welchen Buchstaben man da nimmt. Ich weiß, dort ist von Uni, Profs. usw. die Rede. Lasst euch davon nicht irritieren. Ich weiß, dass ihr ein bisschen gefordert werden möchtet. *Link*

© Jeanette Zehentmayer

April. April. Ich möchte euch nicht über die Gebühr fordern.

- ▹ Humor und Lernen werden verbunden
- ▹ hohe Anforderungen des Lehrplans werden für die Schüler:innen eingeordnet

Beispiel 88: Lustiger Arbeitsauftrag/9. Kl./Latein

… nachdem einige gestern mit einem extremen Aufwand über die Caesar-Übersetzung diskutiert und konferiert haben (einige sicher mit weniger großem Aufwand, einige wohlmöglich noch gar nicht …), nehmt ihr euch heute bitte Zeit, um über die Schönheit der Sprache Latein nachzudenken und eure Gedanken auf 2 A4-Seiten niederzulegen. … ach, Spaß beiseite!

- ▹ Humor und Lernen werden verbunden

Beispiel 89: Lustiger Arbeitsauftrag/10. Kl./Sport

Zur Erwärmung: Geh bitte raus in den Garten und bau ein Iglu mit folgenden Maßen:

Höhe: 7m, Breite:4m

Ausstattung drinnen: Bett, TV, Glasfaseranschluss, Bar mit Erfrischungsgetränken, ein Bild von deinem Sportlehrer

- ▹ Humor und sportliche Betätigung werden verbunden

2.2.8 Zur Bedeutung von Wiederholung und Übung

Folgt man Alfred K. Treml, so ist die Wiederholung eine der wichtigsten pädagogischen Kategorien und kann im Rahmen der Schulpädagogik als eine praktische Methode des Unterrichts zur Einprägung des gelernten Wissens angesehen werden.[28] Dies bestätigt auch Helmke, wenn er erklärt, dass Wiederholung und Übung im Unterricht eine große Rolle spielen.[29]

Übungen können in Wiederholungen eingebettet sein. Damit gemeint ist eine Lernform, die auf Stetigkeit zielt. Kompetenzen, die weiterentwickelt oder gefestigt werden sollen, werden eingeübt. Im Unterricht macht das Wiederholen und Üben in vielen Fächern eine feste Komponente aus. Immer wieder leiten Lehrkräfte die Schüler:innen dazu an. Es stellt sich die Frage, wie sich dies im Homeschooling gestaltet.

Die Untersuchung der Materialien macht deutlich, dass in den verschiedenen Fächern der Stundentafel unterschiedlich stark im Homeschooling wiederholt und geübt wird (siehe Abbildung 11). Das könnte sich so oder ähnlich auch im Präsenzunterricht wi-

---

28 Vgl. Treml 2008:299–314.

29 Vgl. Helmke 2015:201.

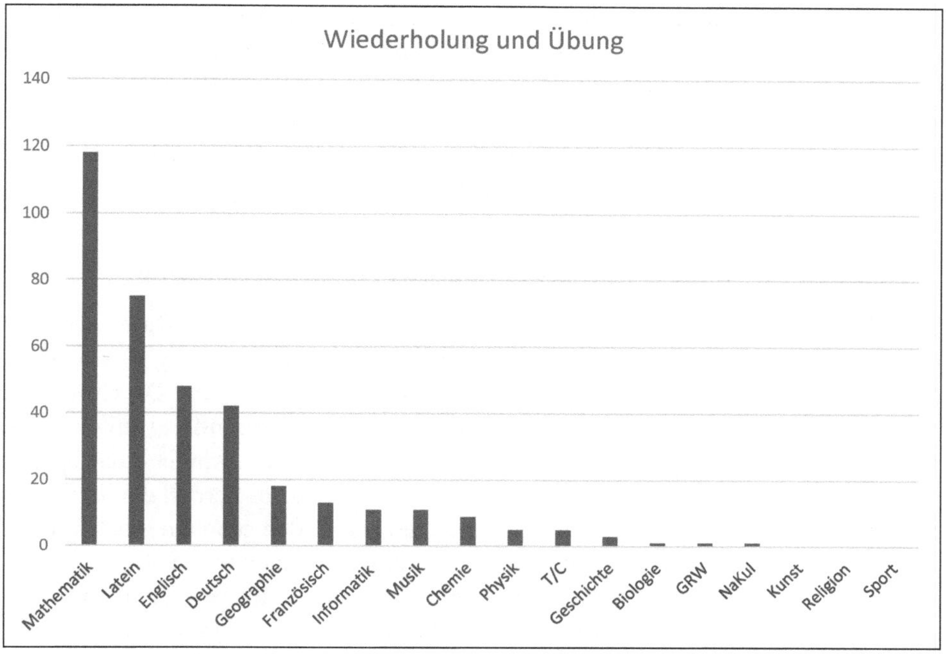

Abb. 11: Wiederholung und Übung nach Fächern (N=361)

derspiegeln, da nicht in allen Fächern das Wiederholen und Üben eine gleich hohe Priorität hat. Insgesamt sind Wiederholungen oder Übungen in 361 Dokumenten vorzufinden. Gemessen am Gesamtmaterial entspricht dies 37,7 Prozent. Zumeist geschieht eine Übungssequenz im Fach Mathematik. 118 codierte Textstellen sind hier vorzufinden. Das entspricht einem Prozentsatz von 32,7 – gemessen aller vorzufindenden Wiederholungsphasen. An zweiter Stelle folgt Latein mit 75 Codierungen bzw. 20,8%. Darüber hinaus ist der Studie zu entnehmen, dass Englisch mit 13,3% (48 Codes) auf Platz 3 fällt, gefolgt von Deutsch mit 11,6% (42 Codes). In Abbildung 11 ist eine Gesamtübersicht graphisch dargestellt.

2.3 Inklusives Lernen im Homeschooling

Spätestens seit der Behindertenrechtskonvention und deren Ratifizierung in Deutschland möchte man den Weg hin zum inklusiven Lernen einschlagen. Das bedeutet, dass nicht allein Kinder mit besonderen Förderbedarfen gezielt Aufgaben bearbeiten, die sie auf ihrem Entwicklungsstand abholen und sie fördern, sondern vielmehr, dass dies für jedes Kind ermöglicht wird. Daher wird in einem Unterricht nach einem inklusiven Bildungsverständnis beispielsweise mit freien Aufgaben und eigenen Schwerpunktsetzungen der Schüler:innen gearbeitet. Zudem werden Wahlaufgaben sowie Vertiefungsaufgaben gestellt, sodass die Heranwachsenden selbst entscheiden können, welche Aufgaben sie bearbeiten oder auch, inwiefern sie noch tiefer in ein

Thema eintauchen wollen. Auch dass das Training von Kompetenzen und damit das Bearbeiten von Aufgaben auf unterschiedlichen Niveaustufen angeboten wird, ist ein Zeichen eines inklusiven Bildungsverständnisses. In diesem Kapitel soll aufgezeigt werden, inwiefern ein solch inklusives Bildungsverständnis mit den genannten Schwerpunkten auch im Rahmen des Homeschoolings realisiert werden kann. Erste Ideen und Beispiele dazu werden vorgestellt.

2.3.1 Freie Aufgaben und eigene Schwerpunktsetzungen

Jedes Kind ist anders, hat seine Interessen, Stärken und Potenziale. Dass Lernen es ermöglicht, diese Interessen und Potenziale zu erfüllen, kann ein Weg zu einem inklusiven Bildungsverständnis sein. Helmke erklärt, dass Planung und Durchführung des Unterrichts konsequent an den einzelnen Schüler:innen orientiert werden muss, d.h. an den Interessen, dem Vorwissen und der Aktivierung des Kindes oder Jugendlichen.[30] Auch Hattie schließt hier an, wenn er darlegt, dass das Lernen durch die Augen der Lernenden gesehen werden muss und den Lernenden geholfen werden sollte, ihre eigene Lehrperson zu werden.[31] Zentral ist, dass der Unterricht nicht schüler:innenzentriert, sondern schüler:innenorientiert aufgebaut ist. Im Homeschooling versuchen Lehrkräfte auf verschiedene Art und Weise, den Schüler:innen freies Lernen und eigene Schwerpunktsetzungen zu ermöglichen, wie im Folgenden deutlich wird.

Beispiel 90: Freie Aufgaben/6. Kl./Deutsch

Eine eigene Fabel schreiben

Liebe Schülerinnen und Schüler,

da ihr heute (und am Freitag) eine Schreibaufgabe habt, bei der jeder im eigenen Tempo arbeiten kann, gibt es diese Woche keinen Online-Unterricht.

Die Aufgaben für heute lautet:

1. Schreibe mithilfe deiner Stichpunkte aus der letzten Woche deine eigene Fabel.
2. Lade sie anschließend hoch (am besten als PDF, Foto geht aber auch). → ORDNER: Homeschooling Woche 9 – Freitag – eure Fabeln

Ich bin gespannt auf eure Texte und werde euch dazu bis nächste Woche Rückmeldung geben. Ihr habt dann Zeit, eure Fabel zu überarbeiten, bevor ihr sie zur Bewertung abgebt. Meldet euch bei Fragen!

Noch ein paar Hinweise:

- Du kannst am Computer/in einem Textverarbeitungsprogramm (z.B. Word) schreiben.

30 Vgl. Helmke 2015:205 ff.

31 Vgl. Hattie 2021:6.

- Bitte achte unbedingt auf gute Lesbarkeit, damit deine Mitschüler und ich dir eine Rückmeldung geben können.
- Nutze die Hinweise zum Wortfeld „sagen“ und zur wörtlichen Rede.
- Nutze die Checkliste (vom letzten Donnerstag, ich habe sie auch heute nochmal eingestellt), um deinen Text zu prüfen.

▹ individuelle thematische Schwerpunktsetzung
▹ eigene freie Zeiteinteilung für die Bearbeitung
▹ Hinweise zum Vorgehen werden gegeben

Beispiel 91: Eigene Schwerpunkte/8. Kl./Deutsch

Naturlyrik selbst gestalten

Nun geht es los. Mit all deinem geballten Wissen und der Arbeit der vergangenen Wochen kannst du dich jetzt ans Werk machen. Erstelle eine Übersicht zum Thema „Naturlyrik“. All deine Ergebnisse (dein Bild, Interpretationen, Wissen zu Metrum, stilistischen Mitteln, etc.) kannst du hier einbinden und einbauen.

Es gibt drei Varianten:

Variante 1: Erstelle ein Lernplakat oder eine Collage (A4 oder A3)
--------------------------(Mindestmaß für alle!)--------------------------
Variante 2: Erstelle eine Lapbook oder Booklet.
Variante 3: Erstelle ein Erklärvideo.

Wer sich für Variante 2 oder 3 entscheidet und dies besonders gut umsetzt, kann eine (sehr) gute zusätzliche Note erhalten.

Wer dies nicht möchte, der muss Variante 1 wählen. Hierfür gibt es keine zusätzliche Note, sondern dient der Ergebnissicherung.

„Lapbook“, etc. eingeben und dir Bilder anschauen. Alles, was mit „pop-up“-Elementen versehen ist, könnte schon als Lapbook angesehen werden. Für die Kriterien zu einem Erklärvideo kannst du ganz einfach deinen Methodenordner heranziehen. Du bist sehr frei in der gestalterischen Umsetzung. Abgabe ist erst nach Himmelfahrt. Insofern kannst du nächste Woche noch Fragen stellen.

Hier noch ein paar Dinge, die unbedingt enthalten sein sollten:

- stilistische Mittel, Reimarten, Beispielgedicht, Metrum

▹ verschiedene Varianten der Aufgabenbearbeitung werden in Abhängigkeit von zu erreichenden Noten gegeben
▹ Hinweise zu den Varianten und deren Bearbeitung werden gegeben

Beispiel 92: Eigene Schwerpunkte/6. Kl./Englisch

Eine eigene LearningApp erstellen

Heute sollt ihr mal eine der LearningApps erstellen, die uns häufig als Warm-Up dienen. In den letzten Wochen haben wie die Unit 1 des Englischbuchs aus Klasse 5 wiederholt. Ihr sollt daher heute zu den Seiten 184/85 eine LearningApp erstellen.

Wichtig: Die App sollte mindestens 15 Vokabeln der S. 184/185 aus dem Englischbuch der Klasse 5 enthalten.

Anleitung:

1. Sucht auf der Liste „Zugaenge_learningapps" nach eurem Zugangscode.
2. Nutzt den QR-Code oder geht zu *learningapps.org* und loggt euch mit eurem Benutzername und Passwort ein.
3. Klickt oben in der Mitte auf „App erstellen". Ihr seht nun die verschiedenen Möglichkeiten. Wenn ihr auf eine App klickt, seht ihr ein Beispiel und könnt ausprobieren, wie diese Art von App funktioniert. Wenn ihr euch für eine App-Form entschieden habt, klickt ihr im Beispiel oben auf „neue App erstellen" und kommt dann zu der Seite, auf der ihr eure App erstellen könnt.
4. Gebt eure Informationen ein und klickt auf „Fertigstellen und Vorschau".
5. Probiert eure App selbst aus! Manchmal fällt so noch ein Fehler auf.
6. Wenn eure App fertig ist, klickt auf „App speichern". Scrollt dann ganz nach unten. Dort steht „App verwenden". Kopiert dann den ersten Link und schickt ihn eurem/r Mitschüler/in. [Richtet euch nach der Extra-Klassenliste, die ich für heute mit hochgeladen habe!]
7. Wartet auf die App eures Mitschülers und spielt sie.
8. Gebt eurem Mitschüler Feedback. (*Hat euch die App Spaß gemacht? Habt ihr Fehler entdeckt? Habt ihr Verbesserungsvorschläge?*)

Tipp: Natürlich könnt ihr eure App auch noch an weitere Mitschüler schicken! =)

3-P-System: Schickt mir den Link zu eurer Learningapp bis Montag 11.01.21 per Mail.

→ Bitte schickt mir nicht den QR-Code!

Beispiel 93: Eigene Schwerpunkte/7. Kl./Englisch

Eine Paper-Gestaltung als Lektionsabschluss erarbeiten

Design a page (A4, I recommend white paper), as a summary of the things you learned in Unit 2. → Blätter ruhig nochmal durch deinen Hefter und verschaffe dir einen Überblick.

- Du kannst Wort und Bild(er), Skizzen, Zeichnungen, … verbinden.
- Du kannst zeichnen, malen, kleben, …
- Du kannst die Seite am Computer erstellen oder von Hand.

Beachte die inhaltlichen Anforderungen:

What you must include in your review page:

- a title/headline
- your name
- at least 3 keywords (Schlüsselwörter) that sum up the content of the Unit
- 1 surprising thing you learned in this unit
- 2 things from the unit your are good at
- 1 thing which you still need to practice
- 1 sentence in the conditional I
- 2 sentences in the conditional II
- your 3 favourite vocabs from the unit in one sentence

How you arrange (*anordnen*) the information is up to you (*dir überlassen*) – use your creative mind.

- ▹ individuelle Schwerpunktsetzungen werden ermöglicht
- ▹ Ideen werden aufgezeigt/Anregungen werden gegeben
- ▹ Vorgaben zu Grundlagen der Aufgabenbearbeitung werden gemacht

Beispiel 94: Eigene Schwerpunkte/7. Kl./Gesellschaft-Recht-Wirtschaft

Die eigene Gemeinde vorstellen

Im Freistaat Sachsen gibt es Gemeinden, Städte und kreisfreie Städte. Dabei bilden die Gemeinden die kleinste Einheit im föderalen System der Bundesrepublik Deutschland. Derzeit gibt es in Sachsen 438 Städte und Gemeinden, die politisch eigenständig handeln. Eine Karte über alle Städte und Gemeinden in Sachsen findest du hier: *Link*

Da die Bevölkerung in Sachsen langsam sinkt, ist es oftmals notwendig Gemeinden zusammenzulegen. Im Wort Gemeinde steckt das Wort „gemein" im Sinne von „gemeinsam".

Du sollst in den nächsten beiden Gesellschaft-Recht-Wirtschaft-Stunden einen Steckbrief deiner Gemeinde erstellen.

Gestalte den Steckbrief als A4-Blatt oder als Powerpoint-Präsentation. Nutze die Abbildung und die Fragen unten als Inspiration!

Meine Gemeinde

- Internetadresse meiner Gemeinde:
- Alter der Gemeinde (in Jahren)
- Zahl der Einwohner
- Bürgermeister/-in

- Stadtrat: Wie viele Stadträte gibt es? Welche Parteien sind im Stadtrat vertreten?
- Besondere Feste in meiner Gemeinde:
- Berühmt für …
- Name des Stadtteils, in dem Du wohnst …
- Gut an meiner Gemeinde finde ich …
- Nicht so gut an meiner Gemeinde finde ich …

Du kannst hier gerne auch noch andere Ideen einbringen, wichtig ist, dass man sich aus deinem Steckbrief ein gutes Bild von deiner Gemeinde machen kann.[32]

▹ individuelle Auseinandersetzung mit dem eigenen Lebensraum wird gefördert
▹ Schüler:innen werden für die Schönheiten und Möglichkeiten der eigenen Gemeinde sensibilisiert

Beispiel 95: Eigene Schwerpunkte/7. Kl./Gesellschaft-Recht-Wirtschaft

Anmerkung: Vorangegangen ist dieser Aufgabe eine Erläuterung und Aufgaben zur Finanzierung in Gemeinden.

Schreibe eine Liste über alle Abgaben, die deine Familie an die Gemeinde leisten muss. Dazu musst du deine Eltern interviewen. Du sollst nicht aufschreiben, wie viel ihr bezahlen müsst, das ist geheim!

▹ individuelle Auseinandersetzung mit dem eigenen Lebensraum wird gefördert
▹ Schüler:innen werden für die Finanzierung und Abgaben in der eigenen Gemeinde sensibilisiert

Beispiel 96: Eigene Schwerpunkte/8. Kl./Religion

Einen Bibelpsalm auswählen und ein Bild gestalten

Anmerkung: Vorangegangen ist dieser Aufgabe eine Behandlung eines Psalms, dessen Analyse und Verwendung.

Seid kreativ! Der Psalm 104 wird für zahlreiche Postkarten oder Fotomotive genutzt. Recherchiert danach. Wählt euch selbst einen Vers aus und gestaltet diesen kreativ mit Bildern oder Fotos, die für euch diesen Vers inhaltlich widerspiegeln.

▹ individuelle Schwerpunktsetzungen werden ermöglicht
▹ eine Verbindung von Wort und Bild wird angestrebt
▹ kreative und kognitive Lernprozesse werden miteinander verbunden

---

32 Entnommen aus Dalljo, U; Kollender, F.; Simon, A.; Straßner, V. (2019). Mensch&Politik 7/8 Sachsen. Westermann-Verlag.

Beispiel 97: Eigene Schwerpunkte/9. Kl./Latein

So viele Learning-Apps wie möglich spielen – Stundeneinstieg

Übung macht den Meister!

Auftrag

Spiele innerhalb von 15 min so viele Apps wie möglich. Führe deine Übersicht weiter und notiere dir nach jedem Spiel die Fehleranzahl in die Tabelle M1 aus der letzten Stunde. Du kannst neue Apps spielen oder du wiederholst diejenigen, bei denen du besonders viele Fehler hattest.

▷ individuelle Übungsmöglichkeiten werden eröffnet

Beispiel 98: Eigene Schwerpunkte/9. Kl./Kunst

Eine Collage zu einem selbst gewählten Thema mit Übermalung anfertigen

1. Collage
   Material: weißes Blatt (Din A4), Schere, Kleber, Zeitungen, Zeitschriften, Fotos o.ä.
   a) Suche Bilder aus Zeitschriften, Zeitungen oder Fotografien heraus, die dich persönlich ansprechen und alle einer selbstgewählten Thematik folgen (z.B. Politik, Architektur, Natur ...). Nehme dafür bevorzugt schwarz-weiß Bilder.
   b) Schneide die Bilder/Fotos nun aus und ordne sie auf dem A4-Blatt in einer spannungsvollen Komposition an. Du kannst die Bilder dabei zerreißen, zerschneiden, überlagern etc.
   c) Fotografiere deine fertige Komposition ab, bevor du sie aufklebst. So kannst du, wenn beim Aufkleben etwas verrutscht, nochmal nachprüfen, wie die Bilder eigentlich lagen.
   d) Klebe die Bilder auf dem Blatt auf, sobald du mit deiner Komposition zufrieden bist. Nun ist deine Collage schon fast fertig.
2. Übermalung

a) Bereite nun deinen Arbeitsplatz für die malerische Übermalung vor. Dafür brauchst du: Wasserfarben/Acrylfarben, Wasserbecher, Pinsel, ggf. Lappen
b) Übermale deine Komposition nun an ausgewählten Stellen, so dass ein spannungsvolles Endwerk entsteht. Kombiniere hierfür schmale und breite Pinselstriche. Du kannst auch tupfen, spritzen, etc.

Hinweise: Bleibe beim Übermalen nicht nur innerhalb eines Bildes, sondern überschreite auch die Grenzen zwischen ihnen bewusst.

Wähle Farben aus, die die Stimmung auf deinem ausgewählten Bildmaterial unterstützen.

- ▹ individuelle Schwerpunktsetzungen werden ermöglicht
- ▹ Vorgehen für die Aufgabenbearbeitung wird erläutert
- ▹ Hinweise zur Bearbeitungstechnik werden gegeben
- ▹ Anregungen durch Bilder werden gegeben

Beispiel 99: Eigene Schwerpunkte/10. Kl./Geographie

Eine Untersuchung der Schifffahrt durchführen – Eine Überleitung zum nächsten Thema

Die globale Schifffahrt …

- Produziert 1/5 dieses Mülls!
- *Aber Plastik ist nicht das einzige Problem, welches durch den Schiffsverkehr entsteht …*
- Lass dich erstmal schockieren, wie viele Schiffe so täglich unterwegs sind …
- Hier kannst du mal bisschen rumspielen und zoomen und so – ist krass oder?

Link

- ▹ individuelle Recherchen und Suchen werden ermöglicht
- ▹ Website wird vorgegeben, damit Fokussierung stattfindet

Beispiel 100: Eigene Schwerpunkte/5. Kl./Biologie

Das eigene Interesse zum Thema Vögel hinterfragen

Schreibe mir:

- welcher Vogel hier von welchem Rekord erzählt
- und was dich zu dem Thema interessiert!

Keine Ahnung? Lies hier nach! *Link*

- ▹ individuelle Schwerpunktsetzungen werden ermöglicht
- ▹ das eigene Interesse wird angeregt
- ▹ interessante Impulse werden gegeben

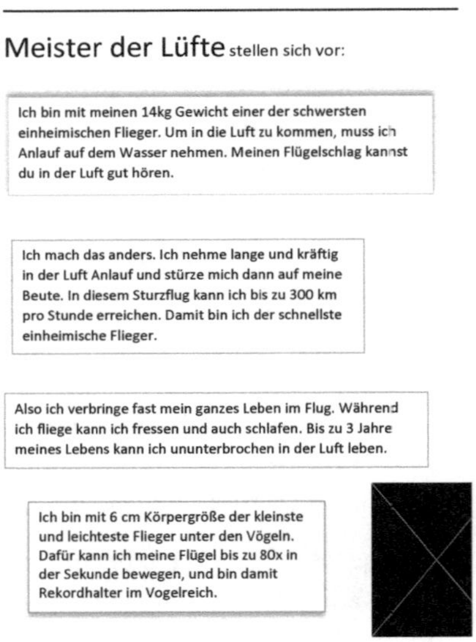

Meister der Lüfte stellen sich vor:

Ich bin mit meinen 14kg Gewicht einer der schwersten einheimischen Flieger. Um in die Luft zu kommen, muss ich Anlauf auf dem Wasser nehmen. Meinen Flügelschlag kannst du in der Luft gut hören.

Ich mach das anders. Ich nehme lange und kräftig in der Luft Anlauf und stürze mich dann auf meine Beute. In diesem Sturzflug kann ich bis zu 300 km pro Stunde erreichen. Damit bin ich der schnellste einheimische Flieger.

Also ich verbringe fast mein ganzes Leben im Flug. Während ich fliege kann ich fressen und auch schlafen. Bis zu 3 Jahre meines Lebens kann ich ununterbrochen in der Luft leben.

Ich bin mit 6 cm Körpergröße der kleinste und leichteste Flieger unter den Vögeln. Dafür kann ich meine Flügel bis zu 80x in der Sekunde bewegen, und bin damit Rekordhalter im Vogelreich.

Beispiel 101: Eigene Schwerpunkte/5. Kl./Biologie

Ein Büchlein der Flugarten anfertigen

Die ersten beiden Seiten deines Büchleins der Flugarten sind geschafft. Viele gute Ideen sind mir beim Durchsehen begegnet. Diese darfst du heute nutzen, um dir die Arbeit zu erleichtern. Das bedeutet: Ich habe für jede Flugart eine Seite ausgesucht und für dich in einer Übersicht gesammelt.

Deine Aufträge heute:

1. Gestalte das Titelblatt deines Buches: Schreibe auch deinen Namen als Autor und das Datum dazu!
2. Lies dir die Seiten in der Übersicht „Flugarten im Überblick" sorgfältig durch! Achte auf besondere Ideen zur Gestaltung und Gliederung der Seite. Diese Seiten deiner Mitschüler empfehle ich als Quelle! Ein einfaches Kopieren oder Abschreiben der Inhalte ist nicht gestattet.
3. Wähle dir mindestens 2 weitere Flugarten aus, die du in deinem Buch genauer vorstellst. (Foto eines Vogels, als Vertreter der Flugtechnik nicht vergessen)

- ▹ individuelle Schwerpunktsetzungen werden ermöglicht
- ▹ Vorgaben zum Format der Aufgabenbearbeitung werden gemacht

Beispiel 102: Eigene Schwerpunkte/6. Kl./Biologie

Ein Plakat zu einem selbst gewählten wirbellosen Tier anfertigen

Die Aufgabe erstreckt sich in mehreren Teilen über 3 x 2 Unterrichtsstunden.

Schritt 1: Vorüberlegungen (Stundenblock 1)

1. Überlege dir ein wirbelloses Tier, das du gern vorstellen möchtest. Suche verständliche Infos zu folgenden Angaben! Versuche kurz zu beschreiben.

Mein Tier lebt:	im Salzwasser	im Süßwasser	am Wasser
	auf Pflanzen	auf der Erde	in der Luft

Es atmet hier durch (Organ nennen):

- Es ernährt sich von: in dem es:
- Es kann gefressen werden von:
- Es bewegt sich, in dem es:
- Es schützt sich vor Feinden, in dem es:
- Es kann den Feind vorher: sehen fühlen riechen hören
- Das ist besonders gut möglich, weil:
- Es findet seinen Partner, in dem es:
- So entwickelt es sich:

Überlege, was du besonders interessant findest.

Welche Vorteile haben Körperbau und Verhalten für das Überleben? Formuliere die Forscherfrage für dein Plakat!

Schritt 2: Wichtige Informationen auswählen (Stundenblock 2)

Aus der Vielzahl deiner Informationen wähle jetzt aus, was für die Beantwortung der Forscherfrage wichtig ist. Vielleicht musst du noch einmal genauere Einzelheiten herausfinden. Dann lies im Internet und notiere dir hilfreiche Quellen.

Folgende 3 Fragen sollen dir helfen:

1. Welche Informationen braucht jemand, der sich noch nie mit dem Thema beschäftigt hat?
2. Wie kann ich diese Informationen in möglichst wenigen Worten zusammenfassen?
3. In welche zwei bis vier Unterthemen lässt sich das Thema gliedern und wie kann ich sie auf dem Plakat darstellen?

Schritt 3: Bildersuche (Stundenblock 2)

Suche im Internet nach Bildern, die gut zu deinem Thema passen. Drucke die drei oder vier besten Bilder aus. Überlege dir, mit welcher Bildunterschrift du sie auf deinem Plakat beschreiben möchtest.

Wichtig zu wissen: Dein Plakat soll A4 groß werden, oder sich auf A4 falten lassen!

Schick mir deine Gliederung (= Teilüberschriften für deine Unterthemen)

Schritt 4: Gestaltung (Stundenblock 3)

Heute ist in den beiden Biostunden Zeit, dein Plakat in die richtige Form zu bringen!

Dafür brauchst du:

- farbiges Papier in A4 Größe/oder größer aber auf A4 faltbar
- Schreib- und Zeichenzeug, Kleber, Schere,
- deine Forscherfrage,
- deine Gliederungspunkte und die Stichpunkte dazu
- deine Bilder oder Zeichnungen
- den Ausdruck zur Bewertung des Lernplakates

Was ist zu tun?

1. Lies, worauf es bei der Gestaltung eines Lernplakates ankommt, was bewertet wird!
2. alles/Gliederungspunkte, Stichpunkte, Bilder … auf dein Plakat probelegen, verschieben

3. deine Forscherfrage als Überschrift oben auf das Plakat schreiben
4. alles sorgfältig aufkleben, Gliederungspunkte farbig hervorheben
5. Name, Klasse, Datum dazu schreiben
6. Textquellen angeben (können in unserem Fall auch auf die Rückseite)
7. von allem ein Foto machen und das Foto deines Plakates per mail zu mir schicken
8. das Plakat gut weglegen; es wird zur 1.Biostunde im Präsenzunterricht gebraucht

- ▹ individuelle Schwerpunktsetzungen werden ermöglicht
- ▹ individuelle Lernprozesse werden über einen längeren Zeitraum, d.h. über mehrere Unterrichtsstunden hinweg, ermöglicht
- ▹ die einzelnen Lernprozesse sind klar untergliedert und mit leitenden Aufgabenstellungen unterlegt

Beispiel 103: Eigene Schwerpunkte/8. Klasse/Mathematik

Ein Lernplakat zu den linearen Funktionen erstellen

Langfristige Aufgabe bis zum 04.03.2021, ihr habt also sechs Unterrichtsstunden Zeit dafür.

Fertige ein Lernplakat zum Thema lineare Funktionen an. Orientiere dich dabei am Leitfaden für Lernplakate aus dem Methodenordner (für diejenigen, die den nicht mehr finden, habe ich es nochmal in die „Mathe 8“-Gruppe gestellt). Inhaltlich sollte der Schwerpunkt auf den Themen:

- Eigenschaften linearer Funktionen
- Gegenseitige Lage
- Gleichungen linearer Funktionen bestimmen

liegen.

Zur Bewertung wird unser schulinternes Bewertungsraster genutzt (ebenfalls nochmal in „Mathe 8“).

Ihr könnt gerne den Computer benutzen um das Plakat zu gestalten, sodass ihr nicht erst A3 oder größeres Papier besorgen müsst.

Schickt mir euer Plakat bitte als PDF.

- ▹ individuelle Schwerpunktsetzungen werden ermöglicht
- ▹ Vorgaben zum Vorgehen werden gemacht

Beispiel 104: Eigene Schwerpunkte/10. Kl./Profilstunde

Untersuchungen zur Industrie 4.0 anstellen

Anmerkung: Vorangegangen ist der Aufgabe eine Erläuterung zur Industrie 4.0. Darin wird in das Thema einleitend dargelegt, was man darunter versteht und welche Möglichkeiten durch die Industrie 4.0 gegeben sind (d.h. flexible Produktion, kundenzentrierte Lösungen, wandelbare Fabriken, optimierte Logistik, eine ressourcenschonende Kreislaufwirtschaft und der Einsatz von Daten).

Die Fragen, die sich da auftun, sind: „Wo führt das alles hin?“ und „Wie weit sind wir schon?“

Aufgabe:

Eure heutige Aufgabe wird sein, zu diesen zwei Fragen einige Antworten zu finden. Recherchiert dazu im Netz oder formuliert eure eigenen Vorstellungen und Gedanken. Man könnte in dem Zusammenhang noch diskutieren, wo der Mensch bei dieser Industrie-Revolution bleibt. Zu der Frage, wie weit wir schon sind, würde ich noch eine Seite empfehlen:

Link

- ▹ individuelle Schwerpunktsetzungen nach leitenden, aber offenen Fragen werden ermöglicht
- ▹ erster Anhaltspunkt für eine Recherche wird gegeben

Beispiel 105: Eigene Schwerpunkte/10. Kl./Profilstunde

Untersuchungen zur Bionik-Forschung anstellen

Anmerkung: Vorangegangen sind der Aufgabe Erklärungen zur Anthropobionik (Ergonomie, Robotik, Prothetik). Es wird u.a. dargelegt, dass künstliche Organe aufgrund der niedrigen Spendenbereitschaft benötigt werden und jedes Jahr tausende Organe und Zellen fehlen.

Um diesen Engpass zu vermindern oder irgendwann gar gänzlich zu eliminieren, wird seit Jahrzehnten an künstlichen Organen und Zellen geforscht und getestet. Die Anthropobionik gibt den Menschen die Chance, ihre Lebensqualität zu erhalten oder nach Unfall oder Krankheit wiederherzustellen.

Aufgabe: Eure heutige Aufgabe ist, nach weiteren Beispielen zu recherchieren und diese in eure Unterlagen zu übernehmen.

- ▹ individuelle Schwerpunktsetzungen werden ermöglicht
- ▹ eigene Recherchen werden angeregt und sollen zu individuellen Auseinandersetzungen führen

Beispiel 106: Eigene Schwerpunkte/10. Kl./Profilstunde

Eine eigene Homepage gestalten

Anmerkung: Vorangegangen ist der Aufgabe eine Erklärung zur Gestaltung von Homepages sowie eigene Recherchen dazu. Zudem fand eine inhaltliche Auseinandersetzung darüber statt, was die Schüler:innen auf die Homepage setzen möchten.

Aufgabe: Eure Homepage wird ja „Bionik" zum Thema haben. Macht euch schon einmal darüber Gedanken, wie eure Startseite dazu aussehen könnte.

Das beginnt schon mit der Frage: Ein Bild als Hintergrund, oder einfarbig? Navigation rechts, links, unten, oben? Oder gar keine? Nehmt ein Blatt zu Hand und skizziert/platziert eure ersten Ideen.

- ▹ individuelle Schwerpunktsetzungen werden ermöglicht
- ▹ kreative und kognitive Bildungsprozesse werden miteinander verbunden

2.3.2 Wahlaufgaben

Schüler:innen sind unterschiedliche Lerntypen und entwickeln verschiedene Lernstrategien. Um diesen gerecht zu werden, ermöglichen es Lehrkräfte ggf. zwischen verschiedenen Aufgabenformaten und Lernwegen auszuwählen. Auch Hattie legt dar, dass die Lehrpersonen eine große Bandbreite an Lernstrategien kennen sollen, damit sie den Lernenden verschiedene Lernwege ermöglichen können.[33] Auch dies weist in ersten Ansätzen auf ein inklusives Bildungsverständnis hin. Im Folgenden sollen einige Beispiele zeigen, welche Wahloptionen die Lehrkräfte den Schüler:innen im Homeschooling im Rahmen der vorliegenden Studie ermöglichen:

Beispiel 107: Wahlaufgaben/9. Kl./Religion

Erarbeitet in einer Kleingruppe von max. 3 Schüler:innen einen Vortrag zu einer historischen Persönlichkeit der Diakonie und deren Wirken. Die Persönlichkeiten, die wir etwas näher kennenlernen wollen, sind:

- August Hermann Francke
- Theodor & Friederike Fliedner
- Johann Hinrich Wichern
- Wilhelm Löhe
- Adolph Kolping
- Friedrich v. Bodelschwingh

33 Vgl. Hattie 2021:20.

- Lorenz Werthmann
- Florence Nightingale

▹ Auswahl inhaltlicher Schwerpunkte

Beispiel 108: Wahlaufgaben/8. Kl./Latein

Im Ordner findest du eine anonyme Linkliste.

1. Spiele drei Lernapps, die möglichst unterschiedlich aufgebaut sind. (Memory, Zuordnen etc.)
2. Wähle zwei aus und schreibe ein kurzes Feedback an deine:n Mitschüler:in.

Dass du bitte nicht deiner eigenen Lernapp ein Feedback schreibst, versteht sich von selbst ;)

Ziele:

- Du wiederholst spielerisch die Vokabeln.
- Eure Apps werden auch von den Mitschüler:innen genutzt und waren nicht einfach nur für die Ablage und ihr bekommt auch noch einmal ein Feedback von Nicht-Lehrerseite.

Tipps für das Formulieren des Feedbacks

Kopf des Feedbacks: Bitte URL der Lernapp hineinkopieren, sonst kann ich es nicht zuordnen. + eigenen Namen nennen

Sei immer wertschätzend.

Hebe hervor, was dir gefallen hat.

Benenne, was du selbst für das Erstellen einer Lernapp vielleicht gelernt hast.

Benenne die Dinge, die du als verbesserungswürdig empfindest und gib Tipps:

- Umfang (Erledigung der Aufgabenstellung)
- Korrektheit der Formen
- Ideenreichtum

▹ Auswahl einer Reihe von (interaktiven) Übungen
▹ Peer-Feedback wird angeregt

Beispiel 109: Wahlaufgaben/5. Kl./Kunst

Kalt-Warm-Kontrast

Aufgabe (Vorbereitung):

Material: Wasserfarben, Wasserbecher, Pinsel, Zeitung zum Unterlegen, Mischpalette (meistens auch im Deckel des Malkastens), ggf. Tuch, Zeichenvorlage (A4 Format)

1) Wähle eine der eingestellten Zeichenvorlagen (PDF: Vorlage 1–4) aus, die dir besonders gut gefällt. Drucke diese in schwarz-weiß (A4-Format) aus.
2) Bereite nun deinen Arbeitsplatz für die Malerei vor (siehe Material).

Künstlerische Praxis:

1) Male dein ausgewähltes Bild mit Wasserfarben so aus, dass in der einen Bildhälfte die „kalten" und in der anderen die „warmen" Farben dominieren (siehe Bildbeispiel unten).

Der Anteil von warmen und kalten Farben sollte dabei insgesamt in etwa gleich sein.

Nutze für die malerische Umsetzung nur die Primärfarben. Das bedeutet, dass grün, violett und orange (Sekundärfarben) von dir selbst gemischt werden.

Schwarz und Weiß (Nichtfarben) darfst du zum Aufhellen und Abdunkeln aber nutzen!

Tipps:

Achte darauf, dass dein Wasser sauber ist, wenn du von den warmen in die kalten Farben wechselst, damit die Farben nicht schmutzig wirken.

Zeiteinteilung: Male in der ersten Doppelstunde erst die warme Hälfte und in der zweiten Doppelstunde die Kalte. So solltest du mit dem Zeitumfang von zwei Doppelstunden gut zurechtkommen. Natürlich kannst du auch umgekehrt mit der Kalten beginnen und dann erst die Warme malen.

▹ Auswahl von Vorlagen, die weiterbearbeitet werden sollen

Beispiel 110: Wahlaufgabe/6. Kl./Sport

Liebe Kletter_innen unserer 8!

Als aktive Sport-TE steht euch in dieser Woche frei, welche der 3 Möglichkeiten ihr wahrnehmen wollt, ob

1) GA-TE oder
2) Kraft-TE oder
3) Beweglichkeits-TE

Hauptsache, ihr bewegt euch in dieser Woche noch mindestens 1 x sportlich!

▹ Auswahl einer Reihe sportlicher Schwerpunkte für eine Übungseinheit

Beispiel 111: Wahlaufgabe/7. Kl./Musik

Anmerkung: Vorangegangen ist der Aufgabe das Hören und Analysieren zweier klassischer Musikwerke.

Kreativaufgabe (Wahlaufgabe zu einem der beiden Stücke)

a) Zeichnet ein Bild, welches eure Assoziationen widerspiegelt.

- oder -

b) Schreibt ein Gedicht oder ein Elfchen, welches eure Stimmung/Gefühle beim Hören wiedergibt.

- oder -

c) Entwickelt eine Filmszene, in welcher die Musik eine zentrale Rolle spielt.

▹ Auswahl von kreativen Weiterentwicklungen

Beispiel 112: Wahlaufgaben/5. Kl./Englisch

Christmas Lesson

Spot the difference – Finde die Unterschiede (ca. 15–20 minutes)

In unserer letzten Stunde ging es unter anderem um *there is/there are*. Dafür habe ich für euch ein weihnachtliches Fehlerbild vorbereitet.

Ihr habt 2 Möglichkeiten die Aufgabe zu bearbeiten:

Option 1: Ihr ruft einen Mitschüler an und bearbeitet die Aufgabe erst zusammen mündlich. Das heißt, jeder von euch nimmt sich ein Bild und ihr erzählt euch abwechselnd, was auf eurem Bild zu sehen ist, um so die Unterschiede herauszufinden.

Zum Beispiel

Partner A: *There is a green tree.* Partner B: *In my picture, too.*

Partner B: *There is a blue window.* Partner A: *In my picture there is a brown window.*

Abschließend notiert ihr die 10 Unterschiede (in ganzen Sätzen!) in den *Exercise*-Teil eures Hefters.

Z. B. *In picture A, there is a blue window. In picture B, there is a brown window.*

Option 2: Ihr seht euch beide Bilder an und notiert die Unterschiede (in ganzen Sätzen!) in den *Exercise*-Teil eures Hefters.

Z. B. *In picture A, there is a blue window. In picture B, there is a brown window.*

▹ Auswahl von Telefonat mit Mitschüler:innen vs. selbstständige Aufgabenbearbeitung

2.3.3 Vertiefungs- und Expert:innenaufgaben

Wie im Präsenzunterricht greifen die Lehrkräfte auch im Homeschooling an geeigneten Stellen auf sog. Vertiefungs- oder Expert:innenaufgaben zurück. Das meint, dass die Schüler:innen selbst entscheiden dürfen, ob sie diese Aufgaben absolvieren wollen oder nicht. Es gibt Fälle, in denen diese Aufgaben reine Übungsaufgaben aus dem Lehrbuch oder Arbeitsheft sind. Damit das Interesse der Schüler:innen geweckt wird, zumal die Aufgaben auf Freiwilligkeit basieren, ist es notwendig, diese „Zusatzaufgaben" entsprechend attraktiv aufzubereiten. Es ist förderlich, Inhalte und Aufgabenstellung an die Lebenswelt der Schüler:innen so anzupassen und zu gestalten, dass die „Extra-Aufgabe" als gewinnbringend – sowohl im schulischen als auch im alltäglichen Kontext – verstanden wird. Eine gezielte, didaktisch fundierte Auswahl gestaltet sich so, dass die intrinsische Neugier geweckt wird und die Schüler:innen eigenständig ihre Interessen vertiefen können. Oftmals ermöglichen Lehrkräfte in diesen vertieften Auseinandersetzungen auch spezielle Formate und realisieren interessante Ideen, wie folgende Beispiele zeigen:

Beispiel 113: Vertiefungsaufgaben/5. Kl./Religion

Anmerkung: Vorangegangen ist der Aufgabe eine Behandlung der Bibel

Zusatz für Intensivgrübler:innen:

Wenn du dir z.B. die ersten Bücher in der Bibel-Bibliothek anschaust, stellst du fest, dass das Buch 2 Titel hat (z.B. 1. Buch Mose = Genesis). Bei anderen Büchern ist das ebenso. Warum könnte das so sein? Denke auch an alle Fakten, die du dir bisher zur Bibel erarbeitet hast.

▹ Zusatz für Intensivgrübler:innen

Beispiel 114: Vertiefungsaufgaben/10. Kl./Profilstunde

Anmerkung: Vorangegangen ist der Aufgabe eine Auseinandersetzung mit Cyborgs, deren Funktionieren und Anwendung.

Wenn dich die bionische Entwicklung von Prothesen interessiert, hier noch ein paar Links:

- (1:20 min) = *Link*
- (29 min) = *Link*
- (29 min) = *Link*
- (13 min) = *Link*

▹ Zusatz-Videos zur Vertiefung

Beispiel 115: Zusatzaufgabe/5. Kl./Latein

Achtung hier kommt eine kreative (bewertete) Zusatzaufgabe:

Rom ist auch bekannt für seine vielen Triumphbögen. Und diese Triumphbögen haben sich von Rom aus ins gesamte Europa verbreitet ... nach Paris (Arc de Triomphe) und auch nach Berlin (Brandenburger Tor). Grund genug, mal so einen Triumphbogen nachzubauen.

Die Bastelanleitung findest du auf der Lernplattform. Nimm deinen Triumphbogen anschließend als Video auf und schicke es mir per Mail bis zum 15.03. zu. Ich bin gespannt auf eure Bastelkünste, eure Triumphbögen und eure Videos (vielleicht mit einer Szene?).

▹ Kreative Zusatzaufgabe

Beispiel 116: Zusatzaufgabe/8. Kl./Geschichte

Und nun zu deinem freiwilligen Auftrag, den ihr auch in Partnerarbeit bearbeiten könnt:

Du hast dir die Lebenssituation der Arbeiterklasse zur Zeit der Industrialisierung in Deutschland erarbeitet und nun ein komplexes Bild davon erhalten.

Stell dir vor, du könntest als Journalist:in in diese Zeit zurückreisen und eine/n Arbeiter:in oder deren Kind interviewen. Wie würde dein Interviewpartner aussehen und heißen, welche Fragen würdest du stellen, was würde er/ sie dir vielleicht zeigen usw.

Erarbeite ein solches Interview:

- Stelle zunächst vor, wie du heißt und für welche Zeitung oder Internetseite o.ä. du arbeitest.
- Stelle dann vor, wohin du gereist bist und mit wem du das Interview führst.
- Nun geht es ins Fragen und Antworten. Lasse in deinen Fragen und Antworten möglichst viele Informationen aus den letzten Stunden zu den Lebens- und Arbeitsbedingungen der Arbeiterklasse einfließen.

In die Bewertung gehen die inhaltlichen Faktoren zu 2/3 und die sprachliche Gestaltung zu 1/3 ein. Den Seitenumfang begrenze ich nicht. Schick mir dein/ Schickt mir euer Interview bis 29.01. als Text- oder Tondokument per Mail.

▹ Recherche-Zusatzaufgabe

Beispiel 117: Zusatzaufgabe/5. Kl./Geographie

Zusatzaufgabe: Wenn du möchtest, übe auch mit anderen Apps: *Nennung der Apps*

▹ interaktive Zusatz-Übungsaufgabe

Beispiel 118: Zusatzaufgabe/7. Kl./Physik

Nun haben wir viel über mechanische Kräfte und speziell über den Hebel gelernt. Wenn du Lust hast, dann absolviere doch dieses interaktive Spiel dazu: *Nennung der Learning-App*

▹ interaktive Zusatz-Übungsaufgabe

Beispiel 119: Zusatzaufgabe/6. Kl./Deutsch

Zusatzaufgabe: Gehe in der Anton-App unter Deutsch Klasse 5 zum Bereich Grammatik – Wortarten. Wähle den Kurs „Nomen untersuchen" und löse nacheinander die Aufgaben darin (oder wähle die aus, die du lösen möchtest).

▹ Anton-Übungsaufgabe als Zusatz

Beispiel 120: Zusatzaufgabe/8. Kl./Geschichte

Anmerkung: Vorangegangen ist der Aufgabe eine Behandlung der Arbeiterbewegung.

Freiwillige Zusatzaufgabe: Auch heute noch spielen Gewerkschaften eine große Rolle. Informiere dich über die größten Gewerkschaften (z. B. DGB, ver.di, IG Metall, …) und ihre Tätigkeiten in den letzten Jahren.

▹ Aktualisierungsaufgabe als Zusatz

Beispiel 121: Zusatzaufgabe/8. Kl./Englisch

Anmerkung: Vorangegangen ist der Aufgabe eine Auseinandersetzung mit dem Bundesstaat California.

extra task: A lot of famous bands and musicians sing about California. Listen to some of these songs and think about their opinion of California and the California lifestyle:

- Miss California: *Link*
- Californication: *Link*
- Surfin' USA: *Link*

▹ Song-Höraufgabe als Zusatz

Beispiel 122: Zusatzaufgabe/7. Kl./Mathematik

Als Zusatzaufgaben für die nächsten Wochen können die, die Lust haben, sich mit der folgenden Aktion der Mathematik-Olympiade beschäftigen. Viel Erfolg dabei und viel Spaß! *Link*

Hinweis: Auch andere Wettbewerbsteilnahmen wurden ermöglicht, so beispielsweise an anderen Wettbewerben im Fach Mathematik, aber auch in Chemie und Physik.

▹ Wettbewerbsteilnahme als Zusatz

2.3.4 Verschiedene Niveaustufen

Auch wenn Schüler:innen an einer Schulform und in einer Klassenstufe gemeinsam beschult werden, so haben sie doch in den verschiedenen Fächern und dort ggf. auch innerhalb unterschiedlicher Kompetenzbereiche heterogene Lern- und Entwicklungsstände. Indem Lehrkräfte Aufgaben auf verschiedenen Niveaustufen anbieten, können Schüler:innen an gleichen Themen mit verschiedenen Schwierigkeitsgraden arbeiten. Inwiefern das auch im Homeschooling umsetzbar wird, zeigen die folgenden Beispiele:

Beispiel 123: Niveaustufen/8. Kl./Geographie

Anmerkung: Vorangegangen sind Arbeitsaufträge zur Auseinandersetzung mit dem Thema „Monsun“.

Vergleich/Tafelbild –handschriftlich (kein Druck)

Option 1 – ohne Video:

- Schau dir die Auflösungen zu den Interpretationen an (Folie 8).
- Übernimm das Tafelbild von Folie 9 in deinen Hefter.

Option 2 – mit Video:

- Schau dir mein Video an (wo ich nochmal parallel zum Tafelbild erkläre) und übernimm gleichzeitig das Tafelbild (immer Pause drücken): *Link*

▹ Auswahl, ob die Aufgabenbearbeitung mit oder ohne Videoerklärung vonstattengeht

Beispiel 124: Niveaustufen/7. Kl./Geographie

Grundbegriffe der Bevölkerungsgeografie –Wiederholung und Vertiefung

Schaue dir das folgende Video an und übernimm die Tafelbilder (wo das „Sicherung –Tafelbild"-Zeichen ist) mit meinen Ergänzungen in den Hefter.

Du kannst dazu immer auch auf Stopp drücken und entspannt abschreiben. Link: *Link*

▹ Video-Erklärungen, bei denen mitgeschrieben werden soll – Start/Stopp, wie man es braucht

Beispiel 125: Niveaustufen/6. Kl./Englisch

Wir werden heute viel üben. Dazu stehen euch Arbeitsblätter in unterschiedlichen Schwierigkeitsstufen zur Verfügung. Druckt nur die Arbeitsblätter aus, die ihr wirklich braucht.

Arbeitsblatt „Welcome on board": Das funktioniert nach dem Ampelprinzip, das ihr bereits kennt, d. h.:

- 1 ausgemalter Punkte (= mit Hilfen)
- 2 ausgemalte Punkte (= ohne Hilfen)
- 3 ausgemalte Punkte (= Herausforderung).

Arbeitsblätter „going to-future":

Diese Blätter funktionieren ähnlich, haben jedoch anstelle einer Ampel Sterne, d. h.:

- 1 Stern (= mit Hilfen)
- 2 Sterne (= ohne Hilfen)
- 3 Sterne (= Herausforderung).

Das solltet ihr am Ende haben:

- 1 Seite: going to-future positive statements
- 1 Seite: going to-future negative statements
- 1 Seite: going to-future questions

- 2 Seiten: Welcome on board (für Level 1+2) bzw.
- 1 Seite: Welcome on board (für Level 3)

▹ Auswahl, auf welchem Niveau die Aufgabenbearbeitung erfolgt

Beispiel 126: Niveaustufen/5. Kl./Latein

Nun geht es an den Textinhalt:

Wähle, wie du arbeiten möchtest:

a) Traust du dich ohne Hilfe? Dann bearbeite gleich Aufgabe B.
b) Du weißt gar nicht, worum es in dem Text wirklich geht? Dann lies zuerst den Übersetzungstext (M 2) und bearbeite danach Aufgabe B.

▹ Auswahl, ob Aufgabenstellung mit oder ohne schriftliche Hilfe

Beispiel 127: Niveaustufen/5. Kl./Latein

Die Schüler:innen sollen einen lateinischen Text übersetzen. Dazu bietet die Lehrkraft an:

Ihr könnt allein arbeiten oder ab 13:15 Uhr mit mir gemeinsam im Online-Meeting.

▹ Auswahl, ob Aufgabenbearbeitung allein oder mit der Lehrkraft via Online-Meeting erfolgt

2.3.5 Reflexion zur Kompetenzentwicklung

Indem Schüler:innen sich selbst reflektieren und feststellen, welche Kompetenzen sie durch das Bearbeiten von Aufgaben trainieren, sind sie sich ihrer Fähigkeiten zunehmend selbst bewusst. Um dies gezielt zu entwickeln, eignen sich freie oder rastergebundene Reflexionsanregungen. Auch im Homeschooling können diese Reflexionsphasen angeleitet und begleitet werden. Die Schüler:innen realisieren dadurch, welche Bereiche sie möglicherweise besonders gut und welche sie noch eher rudimentär beherrschen. Im Folgenden wird zunächst in zwei freien Reflexionen ein Einblick gegeben, bevor Beispiele für Kompetenzraster in verschiedenen Fächern im Rahmen des Homeschoolings aufgeführt werden. Meist arbeiten die Lehrkräfte im Rahmen von Bewertungen mit Kriterien- und/oder Kompetenzrastern. Diese geben sie den Schüler:innen, damit die Bewertungen transparent werden und die Lernenden wissen, worauf sie achten müssen. Das Teilkapitel abschließend soll auch in solche Raster ein Einblick mit Beispielen aus der Studie gegeben werden.

Freie Reflexion

Beispiel 128: Reflexion/5. Kl./Latein

Zur Abkühlung: Notiere am Ende dieser heutigen Arbeitsphase für dich,

- welche Aufgaben dir leichtgefallen sind, d.h. welche Kompetenzen du schon beherrschst. (Beginne so: „Ich kann schon …")
- was dir heute Probleme bereitet hat und wo du noch einmal nacharbeiten solltest. (Beginne so: „Das muss ich noch üben …")

▹ Reflexion zur Bewältigung einzelner Aufgaben und Probleme

Beispiel 129: Reflexion/8. Kl./Deutsch

Gelernt habe ich im Umgang mit der Thematik „Dialekte":

Am witzigsten fand ich dabei:

Das fand ich komisch/ habe ich nicht verstanden:

▹ Reflexion zu gelernten Themen, Lustigem und Problemen

Kompetenzraster

Beispiel 130: Kompetenzraster/5. Kl./Latein

Die Stundennachweise für eure Mitarbeitsnote ladet ihr bitte wieder in den Ablageordner am Freitag hoch *oder* schickt sie mir per Mail. Dann sieht es auch niemand anderes in der Vorschau. Noch einmal zur Erinnerung:

Für jede Woche gibt es 6 BE

- Pünktlichkeit (1 BE): Sind stundennachweise bis Freitag 20:00 Uhr der jeweiligen Woche im Abgabeordner? *(gilt nicht bei Krankheit oder technischen Problemen, dann bitte kurze Info per Mail)*
- Vollständigkeit (2 BE): Sind alle erwarteten Stundennachweise da und vollständig bearbeitet?
- Qualität der Arbeit (3 BE): Wie intensiv und ordentlich habt ihr daran gearbeitet? Sind eure Lösungen richtig. Habt ihr alle zur Verfügung stehenden Hilfen zur Bearbeitung genutzt?

▹ Reflexion zur Erarbeitung von Stundennachweisen und deren Bewertung nach Kriterien

Beispiel 131: Kompetenzraster/5. Kl./Deutsch

Untersuchung und Herkunft von Namen

Was du gelernt hast:

- Ich kenne die Entstehung meiner und anderer Vornamen.
- Ich kann nach Namen und deren Herkunft recherchieren.
- Ich kenne die Unterscheidung zwischen Ruf-, Bei- und Familiennamen.
- Ich kenne die Entstehung von Familiennamen und kann verschiedene Namen ihrer Herkunft zuordnen.

▹ Reflexion, inwieweit aufgeführte Kompetenzen nach Aufgabenbearbeitung entwickelt worden sind

Beispiel 132: Kompetenzraster/5. Kl./Deutsch

Der Bericht

Was du gelernt hast:

- Ich weiß, was ein Bericht ist.
- Ich kenne die wichtigen W-Fragen.
- Ich kenne 6 sprachliche Merkmale eines Berichts.
- Ich kann den Unterschied zwischen einem Bericht und einer Erzählung erklären.
- Ich kann einen Bericht verfassen.

▹ Reflexion, inwieweit aufgeführte Kompetenzen nach Aufgabenbearbeitung entwickelt worden sind

Beispiel 133: Kompetenzraster/5. Kl./Deutsch

Die Beschreibung

Was du gelernt hast:

- Ich weiß, was eine Beschreibung ist und kenne drei sprachliche Bestandteile einer Tierbeschreibung.
- Ich kenne die Reihenfolge der wichtigsten Informationen, um ein Tier zu beschreiben.
- Ich kann eine Tierbeschreibung anfertigen.
- Ich kann Gebäude beschreiben.
- Ich kann Personen beschreiben.
- Ich wende die drei Schritte der Textproduktion in einer Beschreibung an.
- Ich achte auf gute Satzverknüpfungen und vermeide Wortwiederholungen.

▹ Reflexion, inwieweit aufgeführte Kompetenzen nach Aufgabenbearbeitung entwickelt worden sind

Beispiel 134: Kompetenzraster/5. Kl./Deutsch

Lyrik

Was du gelernt hast:

- Ich kenne Gedichte aus dem Jahreskreis. Ich kann sie lesen und verstehen.
- Ich kann erklären, welche Wörter eine Jahreszeit besonders gut beschreiben und warum.
- Ich kann ein Gedicht sinngestaltend und gut betont vortragen.
- Ich kann Gedichte miteinander vergleichen.
- Ich kann Gedichte weiterschreiben und dabei Form und Inhalt einhalten.

▹ Reflexion, inwieweit aufgeführte Kompetenzen nach Aufgabenbearbeitung entwickelt worden sind

Beispiel 135: Kompetenzraster/8. Kl./Deutsch

Die Kurzgeschichte

Was ich kann:

- Ich kenne die Merkmale einer Kurzgeschichte.
- Ich kenne die Zeitgestaltung von literarischen Texten.
- Ich kann eine Kurzgeschichte nach bestimmten Gesichtspunkten analysieren und deuten.
- Ich kenne den Begriff „Leitmotiv" und kann Leitmotive analysieren.
- Ich kann eine Inhaltsangabe zu einer Kurzgeschichte schreiben.

▹ Reflexion, inwieweit aufgeführte Kompetenzen nach Aufgabenbearbeitung entwickelt worden sind

Beispiel 136: Kompetenzraster/8. Kl./Deutsch

Die Lyrik

	Kein Problem	**Noch unsicher**	**Häääähhh?**
Ich kann das Reimschema eines Gedichtes bestimmen.			
Ich kann die unterschiedlichen Reimarten benennen.			
Ich kann mindestens sieben unterschiedliche stilistische Mittel aufzählen und ein eigenes Beispiel benennen.			
Ich kann in eigenen Worten erklären, worum es sich bei „Naturlyrik" handelt.			

	Kein Problem	Noch unsicher	Häääähhh?
Ich kann die Stimmung eines Gedichtes in einem gemalten Bild darstellen.			
Ich kenne mindestens vier Autoren, die Gedichte geschrieben haben.			
Ich kann das Gedicht „Willkommen und Abschied“ rezitieren.			
Ich kann das Metrum eines Gedichtes bestimmen.			
Ich weiß, was eine weibliche und männliche Kadenz ist.			

Nun weißt du, worin du Experte bist und was du dringend noch nachholen solltest.

▹ Reflexion, inwieweit aufgeführte Kompetenzen nach Aufgabenbearbeitung auf verschiedenen (schüleraffin formulierten) Niveauskalen entwickelt worden sind

Beispiel 137: Kompetenzraster/9. Kl./Deutsch

Die Kurzgeschichte

Was ich kann:

- Ich habe die Merkmale einer Kurzgeschichte verinnerlicht.
- Ich kann das Thema, den Inhalt, die Erzähltechnik, die sprachlich-stilistische Gestaltung und den Aufbau von Kurzgeschichten erschließen.
- Ich kenne den Aufbau einer schriftlichen Interpretation und kann eine Kurzgeschichte schriftlich interpretieren.

▹ Reflexion, inwieweit aufgeführte Kompetenzen nach Aufgabenbearbeitung entwickelt worden sind

Beispiel 138: Kompetenzraster/10. Kl./Mathematik

Funktionen

Ihr solltet die Eigenschaften der Funktion y = b x beherrschen für beide behandelte Varianten von b!

Ihr solltet außerdem die Bedeutung aller behandelten Parameter grafisch und rechnerisch beherrschen.

Ihr solltet wissen, wie man aus dem Wachstumsfaktor b die Potenz (er) ermittelt.

▹ Reflexion, inwieweit aufgeführte Kompetenzen nach Aufgabenbearbeitung entwickelt worden sind

Beispiel 139: Kompetenzraster/5. Kl./Geschichte

Lernbereich 3: Zusammenleben im antiken Griechenland

Ich kann, weiß, verstehe …	**sehr sicher**	**sicher**	**unsicher**	**sehr unsicher**
1. Ich kann die geografische Lage und die klimatische Besonderheit Griechenlands beschreiben und erklären, welche Auswirkungen das für die Kolonisation hatte.				
2. Ich kenne den Begriff „Kolonisation“ und kann erklären, in welchem Gebiet und wie die Griechen Kolonien errichteten.				
3. Ich kann erklären, warum die Griechen trotz der verstreuten Besiedlung als Gemeinschaft fühlten.				
4. Ich kenne wichtige griechische Götter und kann die Bedeutung der Religion im Alltag der Griechen beurteilen.				
5. Ich weiß, wie die Olympischen Spiele entstanden, wie sie abliefen und wie sie sich zum heutigen „Olympia“ unterscheiden.				
6. Ich kann die Gesellschaft der Griechen beschreiben und kenne Grundzüge ihrer politischen Ordnung.				
7. Ich kann den Begriff Demokratie erklären und Unterschiede zwischen der heutigen und der Demokratie im antiken Athen benennen.				
8. Ich habe einen Einblick in die Lebenswelt der antiken Griechen gewonnen und weiß, wie Kinder/ Frauen/Sklaven/Handwerker lebten.				
9. Ich habe die griechische Polis Sparta kennengelernt und kann die Gesellschaft dort mit dem übrigen Griechenland vergleichen.				
10. Ich kenne neue Begriffe und kann sie erklären: • Polis • Metöken • Oikos				
Methoden: Ich kann eine Geschichtskarte „lesen“, d. h. zentrale Aussagen erfassen und wiedergeben.				

- ▹ Reflexion, inwieweit aufgeführte Kompetenzen nach Aufgabenbearbeitung auf verschiedenen Niveauskalen entwickelt worden sind
- ▹ bildlich unterstützte Darlegung
- ▹ Trennung von Wissen und Methodik

Beispiel 140: Kompetenzraster/8. Kl./Geschichte

Die Industrialisierung

- Ich kann die Ursachen für den Beginn der Industrialisierung in England erläutern.
- Ich kann die wichtigsten Etappen der Industrialisierung in Deutschland skizzieren, die Rolle der Eisenbahn erläutern und Unterschiede zu Großbritannien benennen.
- Ich kann beurteilen, warum die Industrialisierung als „Industrielle Revolution" bezeichnet wird.

- ▹ Reflexion, inwieweit aufgeführte Kompetenzen nach Aufgabenbearbeitung entwickelt worden sind

Beispiel 141: Kompetenzraster/8. Kl./Geographie

Der Monsun

Das müsst ihr rund um die Entstehung und Merkmale des Monsuns können …

- Ich kann den Monsun erklären (Fachsprache – Entstehung – Ursachen/Bedingungen – Veränderung im Jahresverlauf).
- Ich kenne die Unterschiede zwischen So-und Wi-Monsun.
- Ich kann die Eigenschaften des Wetters unter den verschiedenen Monsunen (Wi vs. So) beschreiben.
- Ich kann Unterschiede der Monsunstärke und -zeit(Länge) in Südasien erklären (wo regnet es mehr in Indien als anderswo – warum?)

- ▹ Reflexion, inwieweit aufgeführte Kompetenzen nach Aufgabenbearbeitung entwickelt worden sind

Beispiel 142: Kompetenzraster/8. Kl./Religion

Lass uns zum Anfang der Stunde noch einmal einen Blick werfen auf die Kompetenzziele der aktuellen Sequenz. Du solltest die ersten beiden Punkte abhaken können.

Am Ende des Lernbereiches habe ich folgende Kompetenzen erworben:	✓
1. Ich kann erklären, wer die Propheten der Bibel waren (Herkunft, Berufung, Auftrag, Werdegang etc.).	

2. Ich kann mind. 3 biblische Propheten benennen und den Propheten Amos exemplarisch beschreiben.
3. Ich kenne die besonderen Merkmale prophetischer Rede und kann diese auf ein heutiges Beispiel anwenden.
4. Ich kann selbst eine prophetische Rede entwickeln und halten, wobei ich auf ein aktuelles (gesellschaftliches) Problem aufmerksam mache.
5. Ich kenne die Problematik der Rassentrennung (segregation) in den USA der 1960er Jahre und kann die Person Martin Luther Kings einordnen.
6. Ich kann beurteilen, ob Martin Luther King als ein moderner Prophet (a prophet of our times) bezeichnet werden kann.
7. Ich kann beurteilen, ob Jesus als Prophet einzuordnen ist, und die Haltung des Islams dazu in Beziehung setzen.

- ▹ Reflexion, inwieweit aufgeführte Kompetenzen nach Aufgabenbearbeitung entwickelt worden sind
- ▹ Gestaltung als Checkliste
- ▹ Checkliste wird zu Unterrichtssequenzbeginn ausgehändigt und immer wieder in jeder Unterrichtsstunde bearbeitet, d.h. Entwicklungen werden regelmäßig reflektiert

Beispiel 143: Bewertungsaspekte/9. Kl./Geographie

Erarbeitung eines synoptischen Profils

Bewertungsaspekte:

Bitte gib mir die Quellen zu deinen recherchierten Orten und Klimadiagrammen an (mit auf das Blatt von Zusammenhängen)!

Plagiate (auch inhaltliche Kopien von Mitschülern werden als solche bewertet)

Bewertung Synoptisches Profil **Startpunkt: L.A.** **Endpunkt: Miami** Name:		
Kriterien	davon erreicht	**erreichbare Punkte**
Formaler Aufbau:		
Beschriftung Achsen korrekt		2
Beschriftung Himmelsrichtungen		2
Beschriftung Punkt A & B		2
Angabe Maßstab für Entfernungsachse		1
Angabe Maßstab für Höhenachse		1
Mathematisch-geografische Aspekte:		
Entfernung X-Achse korrekt		1
Einteilung X-Achse korrekt		4
Entfernungen der Objekte korrekt		4
Höhe Y-Achse korrekt		1
Einteilung Y-Achse korrekt		4
Höhenangaben der Objekte korrekt		4
Geografische Aspekte:		
Eintragung der topografischen Objekte + Landschaften		10
Darstellung von Landnutzung/Vegetation in Profil & Legende		5
Rauminformationen in (tabellarischer) Form darunter:		
Zuordnung zu Landschaften/Abschnitten korrekt		3
Inhaltlich korrekt		
Klimamerkmale		5
Merkmale Vegetation		5
Infos Raumnutzung		5
Schlussfolgerungen (Synopse) aus Geofaktoren für Raumnutzung (=Zusammenhänge)		12
Sauberkeit Zeichnung		5
Gesamteindruck/Gestaltung		5
Ggf. Zusatzpunkt für Besonderes		
Gesamtpunktzahl		**81 Punkte**

Beispiel 144: Bewertungsaspekte/9. Kl./Latein

Portfolio über die lateinische Literatur

Kriterien	**BE**
1. Inhalt Die angegebenen Kategorien sind vollumfänglich und richtig bearbeitet. Die Aufzeichnungen konzentrieren sich auf wichtige und wesentliche Aspekte. • Produktionsbedingungen und Überlieferung lat. Literatur (2) • Lateinische Autoren (20) • Stilmittel (5) • Grammatik (10) • Vokabeln (5)	/40
2. Reflexion Die Fehler beim Übersetzen, selbständigen Arbeiten etc. sind gekennzeichnet und verbessert. (10) Die schriftlichen Reflexionen zu den Autoren sind vorhanden und tiefgründig. (15)	/25
3. Form Die Regeln der dt. Rechtschreibung und Grammatik sind beachtet. (3) Der Ausdruck ist angemessen gewählt. (2) Die Unterlagen sind ordentlich und sauber, abgeheftet und mit Trennblättern versehen. (4) Die Aufzeichnungen sind sinnvoll und nach einem klar erkennbaren Muster geordnet. (2) Deckblatt und Inhaltsverzeichnis sind vorhanden und ansprechend gelayoutet. (4)	/15
	/80

- ▹ Reflexion, inwieweit aufgeführte Bewertungsaspekte nach Aufgabenbearbeitung entwickelt worden sind
- ▹ Erkenntnis, wie tiefgründig die einzelnen Aspekte ausgeführt werden sollen anhand der erreichbaren Bewertungseinheiten
- ▹ Transparenz von Erwartung und Bewertung
- ▹ Unterteilung in verschiedene Kompetenzschwerpunkte
- ▹ übersichtliche Gestaltung in tabellarischer Form

2.4 Unterstützung beim Lernen

Im Homeschooling müssen sich die Schüler:innen selbst organisieren – anders als in der Schule, wo die Lehrkräfte ihnen dabei jederzeit zur Seite stehen können. Gerade für jüngere Schüler:innen ist dies oft noch notwendig, da die Selbstständigkeit im Lernen nicht so ausgeprägt ist, wie dies möglicherweise bei erfahreneren Lerner:innen der Fall ist.

Doch auch im Homeschooling zeigen sich verschiedene Ansätze, die Schüler:innen in ihren Lernprozessen zu unterstützen. Zum einen geben die Lehrkräfte wichtige und grundlegende Hinweise zur Gestaltung der Lernumgebung. Zum anderen zeigen sie mittels kurzer Instruktionen auf, wie das Lernmanagement gestaltet werden kann, so beispielsweise im Hinblick auf die Investition von Zeit in bestimmte Aufgaben.

Die Ergebnisse unserer Studie zeigen, dass Lehrkräfte in 33,2 Prozent (n=325) solche Hinweise geben. Von 325 Materialien sind vor allem in den Fächern Englisch (22,2%), Latein (20,3%) und Deutsch (14,9%) sowie in den Klassenstufen 6 (n=74), 7 (n=49), 8 (n=25) und 10 (n=31) solche unterstützenden Lernhinweise für die Schüler:innen formuliert. Die Ergebnisse der Studie zeigen auch, dass männliche Lehrkräfte zu 18,1 Prozent und weibliche Lehrkräfte zu 81,9 Prozent solche Tipps im Homeschooling weitergeben (obwohl das Geschlechterverhältnis der Urheber:innen der Materialien insgesamt nahezu ausgeglichen ist).

Zudem bieten eine ganze Reihe von Lehrkräften in unserer Stichprobe an, dass Schüler:innen sie persönlich kontaktieren können, um Nachfragen zu klären oder individuelle Unterstützungsbedarfe einzufordern. In unserer Materialauswahl bieten 20,4 Prozent der Lehrkräfte die Möglichkeit zur Nachfrage (n=200). Das Angebot gibt es vor allem in den Fächern Mathematik (16,3%), Latein (11,1%) und Deutsch (10,7%), insbesondere in den Klassenstufen 7 (22,1%) und 9 (14,1%). Die Ergebnisse der Studie zeigen darüber hinaus, dass männliche Lehrkräfte zu 27,9 Prozent und weibliche zu 72,1 Prozent solche Nachfragemöglichkeiten in ihre Lernmaterialien für das Homeschooling aufnehmen.

Im Folgenden geben wir einen Einblick in die Unterstützungsmöglichkeiten der Gestaltung der Lernumgebung, des Lernmanagements und dem Ermöglichen von Nachfragen im Homeschooling. Die Beispiele dienen als Anregung für die eigene Gestaltung einerseits und verdeutlichen den Handlungs- und Möglichkeitsspielraum andererseits.

Gestaltung der Lernumgebung

Beispiel 145: Gestaltung Lernumgebung/5. Kl./Sport

Vorbereitung zum Ausdauer-Training

Weil die Möglichkeiten dafür aber eingeschränkt sind, es aber wichtig ist, sich an frischer Luft zu bewegen und Ausdauerfähigkeiten eine besondere Bedeutung für unser Leben haben, bereiten wir unser kontinuierliches Grundlagen-Ausdauer Training vor.

Ihr habt alle solch hervorragende Ergebnisse im 15 min-Lauf erzielt, dass es megaschade wäre, würde das jetzt verkümmern und wir nicht dranblieben.

Dazu sucht ihr euch eine Runde in der Nähe, möglichst im Grünen (Park, Felder, Wiesen), die ihr so auf 2 bis 4 km schätzt und geht sie ab und zählt dabei eure Schritte. Merkt sie euch (schreibt sie auf)!

Zu Hause angekommen, geht ihr noch einmal 10 solche Schritte und messt mit einem Zollstock oder Maßband die Distanz.

Dann braucht ihr nur noch eure Gesamtschrittzahl der Runde mit dem gemessenen Wert multiplizieren und durch 10 zu teilen und ihr habt ziemlich genau die Länge eurer Runde.

Die sollt ihr in den Folgewochen mindestens 1x pro Woche im lockeren Dauerlauf laufen und dabei eure Zeit messen.

Auf die Rückseite dieses Blattes notiert ihr bitte die Streckenlänge, das Datum, die Uhrzeit und die Laufzeit für eure Ausdauertrainingstage und schickt mir eure Ergebnisse bitte bis zum 8.1.2021 zu.

▷ Vorbereitung der Trainingsumgebung

Beispiel 146: Gestaltung Lernumgebung/5. Kl./Geographie

Ihr braucht heute

- das Lehrbuch
- Ausdruck von M1 und M2
- ein weißes A4-Papier, Buntstifte, Bleistift

Beispiel 147: Gestaltung Lernumgebung/6. Kl./Physik

Für alle die, die in der letzten Stunde gefehlt haben, werde ich nochmal mit dem Aufbau des Auges beginnen. Ihr könnt dieses PDF-Dokument ausdrucken, in euren Hefter abheften und die Aufgaben darin lösen. In rot markiert werdet ihr in Zukunft immer eure Arbeitsaufträge finden. Diese sollt ihr mir bitte pünktlich zu den jeweiligen Abgabeterminen gescannt oder als Foto per E-Mail zusenden.

Beispiel 148: Gestaltung Lernumgebung/6. Kl./Kunst

1. Lege verschiedenfarbige Papiersorten vor dich hin: z. B. Packpapier, Zeitungspapier, Tonpapier (in Braun, Schwarz, Ocker, Rotbraun …), etc.
2. Du kannst natürlich auch weißes Papier mit passenden Wasserfarben aus dem Malkasten abtönen.

▷ Bereitstellung der Arbeitsmaterialien

Unterstützung im Lernmanagement

Beispiel 149: Lernmanagement/5. Kl./Religion

Reli-Unterricht am 15.01.2021

Liebe Klasse 5,
nachdem wir in den letzten Stunden erfahren haben, dass die Bibel über viele hundert Jahre hinweg entstanden ist, schauen wir uns nun genau an, welche Bücher wir in der Bibel überhaupt finden.

Aber wir starten zunächst mit dem Rückblick auf die letzte Woche.
Diese Aufgaben habt ihr wirklich super gelöst. Jetzt könnt ihr gut einschätzen, wie wichtig die Bibelübersetzung Luthers für die Menschen, aber auch für die Entwicklung der deutschen Sprache war.
Bitte vergleicht eure Ergebnisse der letzten Woche mit den Lösungen. Euren Namen ins Griechische zu übersetzen war gar nicht so leicht, oder?

Nun geht es also an **<u>Die Bibel als Bibiothek</u>**

Das ist unsere Überschrift für heute.

1. **Übernimm dir dazu den folgenden Heftereintrag:**

Der Aufbau der Bibel

DIE BIBEL

ALTES TESTAMENT			NEUES TESTAMENT		
Geschichtsbücher, z. B. Mose, Könige	Prophetische Bücher, z. B. Jesaja, Jona, Jeremia	Lehrbücher und Psalmen, z. B. Hohes Lied der Liebe	Geschichtsbücher, z. B. vier Evangelien, Apostelgeschichte	Briefe, z. B. Paulusbriefe, Römerbrief und übrige Briefe, z. B. Titus	Prophetisches Buch, z. B. Offenbarung

2. Du siehst die Bibel ist nicht nur <u>ein</u> Buch, sondern vielmehr eine ganze Sammlung von Büchern, also eine „Bibliothek".
   Schau dir das Arbeitsblatt M 1 an. Orientiere dich in dieser Bibliothek namens „Bibel".
   Vergleiche das Bücherregal auf dem Arbeitsblatt mit dem Bücherregal hier (M 2). Findest du nicht auch, dass das Regal auf dem Abbl. Farbe braucht? **Male also die Bücher, die zu einer Kategorie gehören, gleich an.** Die Farben kannst du selbst auswählen oder dich an M 2 orientieren.
   (Aber Achtung! Schau ganz genau hin, denn die Regalbeschriftungen weichen ein bisschen ab.)

▹ Vorbereitung und Durchführung des Heft-Eintrags

Beispiel 150: Lernmanagement/7. Kl./Musik

Schlagt nun eine neue Seite in eurem Hefter auf und schreibt die neue Themenüberschrift „Musik wahrnehmen und verstehen“ groß, farbig und unterstrichen. Als ersten Unterpunkt notiert ihr „Einteilung von Musik“. Zeichnet danach eine Tabelle mit zwei Spalten und ergänzt die Oberbegriffe. Sortiert anschließend die farbigen Begriffe in die entsprechenden Spalten.

Hinweis: Auf der einen Seite müssten 10, auf der anderen Seiten müssten 5 Begriffe stehen.

▹ Vorbereitung zum Heft-Eintrag

Beispiel 151: Lernmanagement/10. Kl./Deutsch

Immer, wenn etwas in den Hefter gehört, ist der Hintergrund liniert. Ausdrucken ist verboten ;). Überschriften sind zu übernehmen. Kommentare von mir sind kursiv geschrieben. Aufgaben sind rot geschrieben.

Ich lege großen Wert auf sorgfältige Ergebnisse.

▹ Allgemeine Hinweise zur Unterrichtsstunde und dem Management

Beispiel 152: Lernmanagement/8. Kl./Latein

Vergleich der Hausaufgabe (10 min)

Ich vermute, dass bei dem ganzen Stress die Hausaufgabe zu letzten Donnerstag untergegangen sein könnte, deshalb zur Erinnerung:

Du solltest im Lehrbuch S. 34 Nr. 2 bearbeiten.

A) Du hast es vergessen? Oh man, jetzt bloß nicht in Stress verfallen: Ich sehe es ja nicht! Aber sei ehrlich zu dir selbst, hole es nach und vergleiche erst anschließend mit der Folie 5!
B) Du hast es gemacht, obwohl die Welt gerade untergehen wollte! Wunderbar. Du wirst vielleicht doch einmal Latein studieren … ;) Scrolle gleich weiter zu Folie 5!

▹ Hausaufgaben-Management

Beispiel 153: Lernmanagement/10. Kl./Geographie

Ihr habt die heutigen 90 Minuten plus nächste Woche nochmal 45 Minuten Zeit, um die Aufgaben zu bearbeiten.

Wir werden dann nächste Woche Donnerstag um 09:00 Uhr eine gemeinsame Konferenz abhalten (45 Minuten) und das Problem nochmal gemeinsam diskutieren. Dazu benötigt ihr dann die Aufzeichnungen. Wie die Konferenz abläuft, teile ich euch noch mit. Bitte bearbeitet aber die Aufgaben bis zum Ende dieser Woche – daraus ergibt sich dann nächste Woche nur 45 min Geo …

▹ Zeitmanagement

Beispiel 154: Lernmanagement/9. Kl./Latein

Folgende Vorgehensweise wendest du nun bei jedem Satz an.

(ruhig Blut, es sind genau drei Sätze, …;))

1. Blende die Folie zum Satz ein und lies diesen laut vor!
2. Übertrage meine Hinweise zu den Satzgliedern und das Vokabular in deine Unterlagen.
3. Übersetze den Satz.
4. Blende jeweils die nächste Folie mit der Lösung ein und korrigiere mit einer anderen Schriftfarbe. (Ganz wichtig!)
5. Bearbeite meine Aufgabe zur Ergebnissicherung auf Folie 12.

Fotografiere/scanne deine Ergebnisse von Aufgabe 3 bis 5 ein und lade es in den Dienstagsordner von Latein oder schicke es mir.

▹ Vorgehen zur Arbeit mit der PowerPoint-Präsentation im Lernprozess

Beispiel 155: Lernmanagement/7. Kl./Mathematik

Starte die Kahoot-Challenge, um mit dem Arbeiten zu beginnen. Benutze wieder deinen richtigen Namen, damit ich dich zuordnen kann. Die Challenge ist bis Mittwoch 12 Uhr freigeschalten. Bitte beachtet, dass mir das als Kontrolle dient, ob ihr tatsächlich arbeitet.

Ich probiere die Challenges immer aus, um sicherzustellen, dass sie funktionieren. Sollte also etwas nicht klappen, versucht es bitte noch einmal. Dabei müsst ihr gegebenenfalls einen anderen Namen benutzen z. B. Peter2 statt Peter.

▹ Vorgehen zur Arbeit mit interaktiven Aufgaben

Pausen

Die Lerneinheiten im Homeschooling umfassen immer mindestens 45 Minuten, ggf. auch 90 Minuten oder sogar mehrere Unterrichtsblöcke. Häufig verwenden die Lehrkräfte auch Folien in PowerPoint-Präsentationen oder Querbalken in Worddokumenten, die den Schüler:innen veranschaulichen sollen, dass sie an gewissen Punkten eine kurze Pause von manchmal 3, ggf. auch 5 oder 10 Minuten einlegen sollen. Dies machen die Lehrkräfte vor allem dann, wenn anstrengende und konzentrationsreiche Lernphasen vor oder hinter den Schüler:innen liegen. Einige Lehrkräfte geben dann auch Hinweise, dass die Schüler:innen aufstehen sollen, sich dehnen, strecken und bewegen sollen, ggf. in die Küche gehen und ein Glas Wasser trinken sollen oder sich anderweitig kurz bewegen und erfrischen sollen. Diese Bewegungs- und Erfrischungspausen dienen der Regeneration, sodass die Schüler:innen sich im Anschluss wieder gut konzentrieren und weiterarbeiten können.

▹ Pausen zur Erholung und Entspannung, damit Phasen der Konzentration folgen können

Ermöglichung von Nachfragen

Beispiel 156: Nachfragen/5. Kl./Latein

Wem allein die Motivation fehlt, hat die Möglichkeit, dass wir online gemeinsam arbeiten bzw. ich für Rückfragen ansprechbar bin. Es ist kein verpflichtender online-Unterricht. *Meeting-Zugang*

▹ Nachfragen im Online-Meeting

Beispiel 157: Nachfragen/5. Kl./Kunst

Wenn es Fragen/Probleme bei der Durchführung gibt, kontaktiert mich einfach. Zwischenstände können gerne geschickt werden.

▹ Nachfragen via Mail und Zusendung von Zwischenständen

Beispiel 158: Nachfragen/5. Kl./Geographie

Wenn ihr Fragen habt, bin ich per Mail den ganzen Tag erreichbar. Ihr könnt mir auch eure Telefonnummer schicken und ich rufe zurück. Oder wir treffen uns zu einer kleinen Konferenz.

▹ Nachfragen via Telefon und Lehrkraft ruft zurück, alternativ: Konferenzmeeting

Beispiel 159: Nachfragen/8. Kl./Latein

Zwischen 13.00 und 15.00 Uhr stehe ich euch unter der Nummer *Telefonnummer* zur seelischen und moralischen Unterstützung zur Verfügung. Wenn ihr Fragen und Probleme habt: Scheut euch nicht und ruft einfach an!

▷ Nachfragen via Telefon und Lehrkraft ruft zurück

Beispiel 160: Nachfragen/11. Kl./Geographie

Hast du Fragen???

- Für Fragen stehe ich natürlich rund um die Uhr zur Verfügung!
- Du kannst mich über *Telefonnummer* erreichen oder per Mail!
- Bitte rufe zu folgenden Zeiten nicht an:
  - Montag bis Freitag von 06 bis 22 Uhr sowie von 22:01 bis 05:45 Uhr
  - niemals am Wochenende
  - haha

▷ Nicht ganz ernst gemeinte Nachfragemöglichkeiten

2.5 Motivation im Homeschooling – aber wie?

Die richtige Motivation beim Lernen ist schon im schulischen Unterricht eine Herausforderung. Tagein, tagaus für alle Fächer des schulischen Kanons und für jedes Thema Motivation aufzubringen, ist nicht einfach für die Schüler:innen. Lehrkräfte können hier durch gemeinschaftliche Aktionen und motivierende Impulse die Motivation anregen. Doch wie gestaltet sich dies im Homeschooling?

Anhand der folgenden Beispiele soll gezeigt werden, wie Lehrkräfte versuchen, durch motivierende Bilder und Ansprachen sowie durch eine besondere Organisation des Lernens Freude und Inspiration zu wecken. Wenn Lehrer:innen ihre Schüler:innen auch im Homeschooling erfolgreich zu motivieren wissen, können die folgenden Zeilen als Auffrischung dienen. Im Homeschooling kann die fehlende Motivation bei den Lernenden ein großes Hindernis sein. Die Motivation kann auch durch Lob, eine gute Lehrer:in-Schüler:-in-Beziehung o.ä. versucht werden.

Bilder

Beispiel 161: Motivierende Bilder/7. Kl./Deutsch

Ein Bild zeigt eine Figur, die Hanteln hebt. Sie strahlt über das gesamte Gesicht. Daneben hat die Lehrkraft die Schüler:innen aufgefordert: „Trainiert eure ‚Schreibmuskulatur'! Versucht, in Sachen Ausdruck und Wortschatz über euch hinauszuwachsen."

Die Lehrkraft setzt hier eine Gleichsetzung von physischen und kognitiven Training ein, die die Heranwachsenden motivieren soll.

Beispiel 162: Motivierende Bilder/6. Kl./Mathematik

Ein Bild zeigt einen lachenden Smiley, der den Daumen nach oben streckt.

Die Lernenden sollen vermutlich das Gefühl bekommen, dass sie eine Sache gut bewerkstelligt haben.

Beispiel 163: Motivierende Bilder/10. Kl./Chemie

Zu Beginn einer Unterrichtseinheit verwendet die Lehrkraft ein Bild mit einem Affen, der mit großen Augen und offenem Mund verdutzt ausschaut. Daneben steht „häh?"

Dies soll vermutlich die Anregung geben, offen und neugierig in das neue Unterrichtsmaterial einzutauchen, gleich wenn möglicherweise nicht alles sofort verständlich ist.

Beispiel 164: Motivierende Bilder/7. Kl./Englisch

Ein Bild zeigt einen Jungen mit einem Bleistift in der Hand, am Tisch sitzend. Er hat einen weit aufgerissenen Mund und seine Augen sind grimmig verschoben. Er scheint aggressiv und schlecht gelaunt. Über dem Bild stehen die Worte „It's back to ‚home'school time …".

Mit dem Bild wird seitens der Lehrkraft möglicherweise ein Verständnis für die Lernenden signalisiert, dass diese Homeschooling-Zeit eine Herausforderung darstellt und man womöglich gern wieder andere Lernformen genießen möchte.

Beispiel 165: Motivierende Bilder/7. Kl./Englisch

Ein Bild zeigt einen Hund, der ein Auge zudrückt und seine Pfote ausstreckt. Über dem Bild steht die Frage „Who can do it?". Unter dem Bild steht die Antwort „You can do it.". Man kann die ausgestreckt Pfote dahingehend deuten, dass der Hund auf die Person zeigt, die das Bild betrachtet.

Das Bild könnte von der Lehrkraft als Motivation gebraucht werden. Sie kann damit möglicherweise den Lernenden verdeutlichen, dass diese die bevorstehenden Aufgaben schaffen werden. Es könnte zeigen, dass die Lehrkraft dies ihren Schüler:innen zutraut.

Beispiel 166: Motivierende Bilder/9. Kl./Religion

Ein Bild mit einem Avatar der Lehrerin zeigt diese strahlend und mit nach oben gestreckten Daumen. Darunter steht „Los geht's.".

Als Aufforderung, mit den Aufgaben zu beginnen, gibt die Lehrkraft eine Botschaft mit Mimik und Gestik in Form eines Bildes. Damit möchte sie möglicherweise die Lernenden dazu motivieren, umgehend in das Material einzusteigen und zu lernen.

Beispiel 167: Motivierende Bilder/9. Kl./Deutsch

Auf einem Bild ist ein Kleinkind zu sehen, das das Gesicht stark angespannt hat. Die Lippen sind aufeinandergepresst, die Augen starr und die Wangen aufgeblasen. Vor das Gesicht hält der Junge seine Faust geballt. Über dem Bild steht „Hey" und darunter „you can do it".

Vermutlich möchte die Lehrkraft den Lernenden verdeutlichen, dass diese die bevorstehenden Aufgaben schaffen werden. Das Zutrauen der Lehrkraft in die Kompetenz ihrer Schüler:innen kommt zum Ausdruck.

Beispiel 168: Motivierende Bilder/10. Kl./Deutsch

Ein Bild zeigt eine Eule als Comic, die ein Auge verschlossen und das andere halb geöffnet hat. Das halb geöffnete Auge hält sie sich mit einem Flügel zu. Unter dem Bild steht die Frage „is schon Feierabend?".

Das Bild lädt zum Schmunzeln ein. Möglicherweise möchte die Lehrkraft den Schüler:innen aufzeigen, dass sie noch nicht abschalten sollen, sondern motiviert die weiteren Aufgaben angehen.

Beispiel 169: Motivierende Bilder/10. Kl./Deutsch

Ein Bild zeigt eine aufmerksam schauende Eule. Die Lehrkraft hat eine Sprechblase in den Schnabel der Eule gelegt, in der steht „Deutsch ist cool!".

Es lässt sich vermuten, dass die Lehrkraft die Lernenden für das Fach Deutsch begeistern möchte. Durch die Verbindung der Sprechblase mit der Eule, als Symboltier für die Weisheit, möchte sie zur Auseinandersetzung mit dem Fach möglicherweise motivieren.

Beispiel 170: Motivierende Bilder/10. Kl./Deutsch

Ein Clipart-Bild zeigt eine Eule auf einer Tafel sitzend. Sie hat eine Brille, einen Stock und einen Studienhut auf dem Kopf. Vor der Tafel steht eine Bank mit Kreide, einem Schwamm, einem Buch und einem Apfel. Auf der Tafel steht geschrieben „Ich wünsche euch viel Motivation und gutes Vorankommen!"

Möglicherweise möchte die Lehrerin mit diesem Bild die Lernenden extrinsisch motivieren und ihnen gute Lernprozesse wünschen.

Motivationale Ansprachen und/oder Elemente

Beispiel 171: Motivationale Ansprache/12. Kl./Englisch

If you have any doubts – don't worry! The Lernbüro prepared you for that kind of working very well ☺ To be more precisely: THINK PINK – THINK POSITIVE! YOU'LL DO IT! YES. YOU. CAN.

Beispiel 172: Motivationale Ansprache/10. Kl./Geschichte

Es steht euch viel bevor. Ihr werdet das schaffen. Ich glaube ganz fest an euch!

Beispiel 173: Motivationale Ansprache/9. Kl./Chemie

Wir werden uns dieser Herausforderung stellen und das Thema mit Bravour meistern!

Beispiel 174: Motivationale Ansprache/5. Kl./Sport

Ich hoffe, dass alle von euch gesund sind und ihr euer Lächeln nicht verliert. Das ist sehr wichtig! Dazu trägt auch ein immer fröhliches Gemüt beim fleißigen Sporttreiben bei.

Kurze Motivationswörter

Beispiel 175: Motivationswörter

Let's go!	Viel Erfolg!
Viel Freude beim Lernen!	Viele neue Gedankengänge!
Gutes Gelingen!	Ein machbares Programm!
Frohes Schaffen!	Viel Spaß dabei!
Ihr bekommt das hin!	Ich wünsche euch kreative Ideen!
Frischen Mutes ran an die ganze Sache!	Los geht's!
Let's start!	Here we go!
Weiter so!	Bleibt dran!
You can do it!	Machen wir das beste daraus!
Try it!	Na dann wollen wir mal!
Have fun!	Your turn!
Auf geht's!	Bleibt so fleißig weiterhin!
Bleibt am Ball!	Fehlermachen ist erlaubt – dann lernt man es am besten!
Das ist doppelt knifflig, aber du schaffst das!	Es ist nicht ganz einfach, aber mit Ehrgeiz und logisches Denken machbar!
Heute kommt der krönende Abschluss!	Toitoitoi für den Test!
Geschafft!	*Applaus*

Organisatorische Möglichkeiten

Beispiel 176: Organisatorische Möglichkeit/5. Kl./Latein

Mach mal eine kleine Pause … Am besten mit Bewegung und einem großen Schluck Wasser, damit das Gehirn noch einmal Kraft tanken kann.

Beispiel 177: Organisatorische Möglichkeit/11. Kl./Geographie

Um es ein wenig aufzulockern, gibt es wilde Road-Movies von deinem Geo-Lehrer aus dem Wilden Westen der USA ☺

Naja ganz so wild auch nicht. Es war ja nur auf dem Weg nach Vegas. Aber die Videos aus Vegas selbst habe ich lieber weggelassen, denn „what happens in Vegas, stays in Vegas!".

Beispiel 178: Organisatorische Möglichkeit/10. Kl./Deutsch

Alles Wichtige zum online-Lernen als Übersicht

Für die Sticker-Sammler und die, die es noch werden wollen (nutzt die Chance!):

Besonders sorgfältige Ergebnisse werte ich in den Stunden des Homeschoolings als gute Mitarbeit und ihr bekommt einen Sticker dafür (ich schreibe mir das auf und ihr dürft euch die entsprechende Anzahl von Stickern dann nehmen, sobald wir uns wiedersehen).

2.6 Leistungserbringung im Homeschooling

Nach Meyer (2014) ist die Transparenz der Leistungserwartungen für das schulische Lernen von Bedeutung. Diese Transparenz kennzeichnet sich dadurch, dass den Schüler:innen ein an den gültigen Bildungsstandards ausgerichtetes und ihrem Leistungsvermögen angepasstes Lernangebot gemacht wird; dieses Angebot soll verständlich kommuniziert und Gegenstand des Arbeitsbündnisses werden. Zudem soll es zu verschiedenen Leistungserbringungen Rückmeldungen hinsichtlich des Lernfortschritts geben.[34]

Während im ersten Lockdown noch weitgehend auf eine Bewertung von Leistungen aus dem Homeschooling verzichtet wurde, nahmen Noten und Bewertungen in der zweiten Lockdown-Phase oftmals einen höheren Stellenwert ein. Durch die lange Dauer des Homeschoolings wurden verschiedene Formen der Leistungserbringung erprobt und weiterentwickelt. In diesem Kapitel wird zunächst auf die Leistungen

34 Vgl. Meyer 2014: 114.

eingegangen, die Schüler:innen ohne ihre Mitschüler:innen – also in Einzelform – erbringen. Zunächst wird aufgezeigt, welche kontinuierliche Erfassung Lehrkräfte z. B. in Form von Stundennachweisen einführen. Im Anschluss daran werden Beispiele für Lernerfolgskontrollen vorgestellt. Abschließend wird aufgezeigt, wie Lehrkräfte die Leistungserbringungen einfordern können.

2.6.1 Einsendeaufgaben und Stundennachweise

Beispiel 179: Leistungserwartung/8. Kl./Deutsch

Lernziele werden mit verschiedenen Leistungserbringungen verbunden

I) Organisatorisches/ Notenvergabe

Liebe Klasse 8,
mittels eines SchülerInnnen-/Elternbrief habt ihr Informationen zur veränderten Notenvergabe erhalten. Was genau dies für unseren **Deutschunterricht** bedeutet, werde ich euch nun nachfolgend mitteilen.

a) Die Klassenarbeit, der Test, etc. **entfallen**. Hierzu gelerntes Wissen wird auf jeden Fall im kommenden Schuljahr vorausgesetzt, daran angeknüpft und in anderer Form abgeprüft.

b) Die **Note** auf das Rezitieren des Gedichtes „**Willkommen und Abschied**" erhaltet ihr auf jeden Fall **noch in diesem Schuljahr.** Bitte lernt es bis zum vor Wochen angekündigten Tag [redacted] auswendig. Entweder im Präsenzunterricht oder aber per Video werde ich mir eure Rezitationen anhören. Auf digitalem Wege habe ich dazu mehrere Ideen, die ihr später und rechtzeitig noch erfahrt.

c) Eine **zweite Note** erhaltet ihr durch das vereinheitlichte **Punktesystem**, das ihr durch Hr. [redacted] bereits kennt und auf welches wir uns im Elternbrief geeinigt haben.

1. Insgesamt gibt es **drei** zu erreichende Punkte je Abgabe. Halbe Punkte gibt es nicht.

1 + 2 3
(pünktliche Abgabe) **(Vollständigkeit)** **(Qualität)**

(Punktabzug bei leicht verspäteter Abgabe, etc. sind ebenfalls im Elternbrief erläutert. Abgabetermine sage ich euch mit jeder Aufgabe neu.)

2. Im Fach Deutsch werdet ihr insgesamt **5x** etwas abgeben bzw. hochladen müssen
= 5x 3P. =**15P.**

Note	1	2	3	4	5	6
Punkte	15-14	-12	-9	-6	-3	0

Da einige von euch sich schon vorher immer sehr ins Zeug gelegt haben, vergebe ich darüber hinaus maximal **2 zusätzliche Bonuspunkte**, um die Ausdauer und die Anstrengungen der letzten Wochen zu honorieren. Wer von euch 1-2 Bonuspunkte erhält, erfahrt ihr in der nächsten Stunde.

3. Zudem möchte ich euch noch gern die Möglichkeit einer dritten **(freiwilligen) zusätzlichen Note** geben. Hier möchte ich **euch** mit in die Ideenfindung einbinden. Was könntet ihr euch vorstellen? Habt ihr eine oder mehrere Ideen, selbst wenn ihr die Chance auf die Note nicht wahrnehmen wollt? Schreibt mir bitte **bis spätestens nächsten Dienstag** eine E-Mail mit euren Ideen. Nur SchülerInnen, die Ideen haben, können mir schreiben. Es geht ja schließlich um **eure Chance!**

- ▷ Transparenz der Leistungserwartungen
- ▷ verschiedene Möglichkeiten, Leistungen zu erbringen
- ▷ Bonuspunkte für besondere Leistungen
- ▷ Einbindung der Schüler:innen in Möglichkeiten der Leistungserbringungen (Ideensuche)

2.6.2 Lernerfolgskontrollen

Beispiel 180: Test/9. Kl./Geographie

STUNDENLEISTUNG GEOGRAFIE KLASSE 9 – 14. DEZEMBER 2020

Thema:	*Das Klima Nordamerikas*
Arbeitszeit:	***Abgabe um 13 Uhr***
Hilfsmittel:	*ausgewiesene Materialien, Atlas, Hefter, LB*
Hinweise	*die Antworten müssen handschriftlich erfolgen; bei ähnlich anlautendem Wortlaut zu anderen SchülerInnen oder Quellen werden die Aufgaben mit 0 Punkten bewertet, da ein Plagiatsverdacht vorliegt; es ist kein Austausch untereinander gestattet*

1.	**Beschreibe** das Klima von Chicago.	**08 BE**

Bild mit einem Klimadigagramm

2.	**Begründe** die klimatischen Unterschiede zwischen Chicago und Atlanta.	**12 BE**

Bild mit einem weiteren Klimadiagramm

3.	**Erläutere** das Zustandekommen der unterschiedlichen Wetterberichte für Las Vegas und Montery im Spätaugust 2018 unter Westwindeinfluss	**06 BE**
4.	*An einem warmen Sommertag sind es in Carson City (1427m ü. M.) 24°C. Das Kondensationsniveau liegt auf der Ostseite der Sierra Nevada an diesem Tag bei 2000m – auf der Westseite bei 1500m. Die Luftmassen des Westwindes müssen den 2160m hohen Donnerpass überwinden.* **Berechne** die Temperatur für Sacramento (8m ü. M.) (Rechenweg notieren!).	**04 BE**

Bild eines Kartenausschnittes mit Legende

5.	**Analysiere** mit Hilfe der Karte 3 (S. 214/215 im Atlas) die landwirtschaftliche Nutzung im US-Bundesstaat Arkansas (räumliches Muster beschreiben, 04 BE). *Die Vorteile des Bundesstaates sind, dass auf Grund der kurzen Winter die Pflanzen bereits im Spätfebruar wieder beginnen zu wachsen und im Frühling schließlich schon die erste Ernte stattfindet. Das ist gut für das Exportgeschäft in die nördlichen Bundesstaaten, wo zu dieser Zeit noch Winter herrscht.* **Beurteile**, ob es dennoch klimatische Gefahren und folglich wirtschaftliche Risiken für die Landwirtschaft und Farmer in Arkansas gibt. Erkläre dabei, wie es zu möglichen Gefahren kommt (04 BE).	**08 BE**

erreichte BE von Gesamt-BE: _____/ 38 BE   *entspricht Note:*

1	2	3	4	5	6
36	30	22,5	15	8	<8

- klare Struktur
- zu erreichende Bewertungseinheiten werden transparent gemacht
- abwechslungsreiche Aufgabenformate
- Regeln für die Leistungserbringung werden genannt
- Arbeit mit Operatoren
- Bewertungsskala wird transparent gemacht

Beispiel 181: Klassenarbeit/10. Kl./Geographie

[redacted]

Thema:	*Das Weltmeer: ein Nutzungsraum*
Arbeitszeit:	*90 Minuten + 20 Minuten **(Abgabe bis 09:50 Uhr als PDF)***
Hilfsmittel:	*ausgewiesene Materialien*
Hinweis:	*Die wörtliche Übernahme von Inhalten aus anderen Quellen bzw. von anderen Personen wird als Plagiat gewertet!*

Raumbeispiel: *Mallorca – ein Touristenhotspot im Mittelmeer*

1.	**Stelle** die Entwicklung des **Kreuzfahrttourismus** auf Mallorca **dar** und **analysiere** das touristische Potenzial der Baleareninsel (M1).	**10 BE**

2.	**Erläutere** am Beispiel der MERMAID ACE (M2), warum ein Schiff unter mittelamerikanischer Beflaggung hauptsächlich in europäischen Gewässern verkehrt. **Nenne** 3 mögliche Umweltrisiken, die daraus resultieren.	**06 BE** **03 BE**
3.	**Interpretiere** die Karikatur in M3 und **überprüfe** ihre Aussage in Hinblick auf eine nachhaltige Wirkung des Kreuzfahrttourismus für Mallorca.	**14 BE**
4.	**Erläutere** anhand von einem konkreten Beispiel, warum *Mallorca als Raum* ein Indiz für Globalisierung ist.	**04 BE**

erreichte BE von Gesamt-BE: ____/ 37 BE

entspricht Note:

N	1	2	3
BE	35	29	22

N	4	5	6
BE	15	8	<8

+++ZUSATZ: Skizziere ein Meme zu: „*Das Weltmeer vor dem Kollaps*“ [+2 BE mgl.]

Seite | 1

Es schließt sich ein umfangreicher Materialanhang (Bilder, Diagramme usw.) an.

- klare Struktur
- zu erreichende Bewertungseinheiten werden transparent gemacht
- abwechslungsreiche Aufgabenformate
- Regeln für die Leistungserbringung werden genannt
- Arbeit mit Operatoren
- Bewertungsskala wird transparent gemacht

Beispiel 182: Test/5. Kl./Mathematik

Lernzielkontrolle: Brüche auf dem Zahlenstrahl

Stelle die Brüche mithilfe der Erklärungen dar. Bitte benutze für jedes einzelne Beispiel einen neuen Zahlenstrahl (DIN A4-Blatt / kariert). Vergiss nicht, für jeden Bruch die Entfernung zu der Zahl 0 anzugeben.

1. Beispiel: $\frac{1}{3}$ und $\frac{2}{3}$

→ Hier musst du eine Streckenlänge von 0 bis 1 wählen, die man in 3 gleich große Teilstrecken teilen kann (Nenner = 3). Beschrifte auch die Skalenstriche.

12 cm von 0 bis $\frac{1}{3}$ = 4 cm
6 cm von 0 bis $\frac{2}{3}$ = 4cm

Anmerkung: Es folgen zwei Seiten mit vielen unterschiedlichen Beispielen.

Einsendeschluss: 25.01.2021 / 15 Uhr.

- ▹ freie Zeiteinteilung für das Lösen
- ▹ Vielzahl an Aufgaben
- ▹ Regeln für die Leistungserbringung werden genannt

2.6.3 Termine und Abgaben, Ankündigung von Leistungserbringungen

Beispiel 183: Termine/5. Kl./Musik

Fertigt bitte von euren Stundenmitschriften einen Scan oder ein Foto an. Stelle diese Datei (vorzugsweise als PDF) bis Donnerstag 11.02. – 18 Uhr auf unsere Lernplattform in den Ordner ein. Vielen Dank!

- ▹ Würdigung der Stundenleistungen im Homeschooling
- ▹ Regeln zur Leistungserbringung werden transparent gemacht

Beispiel 184: Termine/9. Kl./Mathematik

Schicke mir deine Aufzeichnungen von heute – also vor allem die ganzen Rechenwege sowie die gesicherten Tafelbilder zu.

Schicke mir alles per Foto bis heute Abend an [redacted] (WhatsApp) oder per Mail an [redacted]

- ▹ Regeln zur Leistungserbringung werden transparent gemacht
- ▹ verschiedene Einsendeformate werden ermöglicht

Beispiel 185: Termine/11. Kl./Mathematik

Laden Sie Ihre Lösungen in den Abgabeordner hoch. Wir besprechen dies am Dienstag in der Video-Konferenz.

- ▹ Regeln zur Leistungserbringung werden transparent gemacht
- ▹ Besprechung und Ergebnissicherung werden durch Online-Meeting ermöglicht

2.7 Beziehungsarbeit

Eine gute Lehrer:in-Schüler:in-Beziehung ist die Grundlage allen Lernens und gelingender Bildung. In John Hatties Metaanalyse (n = 800) wird der Frage nach gutem Unterricht nachgegangen. Hattie kommt zum Ergebnis, dass das Lernklima bzw. die Qualität im Klassenzimmer sich immens auf den Lernerfolg auswirkt.[35] So ist das Effektstärkemaß mit d≥.60 als „größter Effekt“ kategorisiert. Hinsichtlich Lernklima im Zusammenhang mit Lernleistung zeigen die Ergebnisse, dass eine positive Lehrer:in-Schüler:in-Beziehung den Lernerfolg sogar mit einem Effektstärkemaß von d≥.72 bemisst. Anerkennende pädagogische Beziehungen stellen damit eine unabdingbare Voraussetzung für die gelingende Arbeit dar, und zwar sowohl in der Schule als auch im Homeschooling.[36]

2.7.1 Direkte Ansprachen und Beziehungsarbeit

In vielen Materialien der Studie sprechen die Lehrkräfte die Schüler:innen als Klasse oder Kurs direkt an. Auf diese Weise versuchen sie, eine Beziehung herzustellen und den Austausch anzuregen. Es könnte an der einen oder anderen Stelle banal wirken, doch es gilt auch hier die Aussage: „What teachers do matters[37]“. Denn zentral für den Lernerfolg ist das Handeln der Lehrperson. Durch Zuwendung, Empathie, Respekt, Toleranz und direkte Ansprache kann eine angenehme Lernatmosphäre im Homeschooling ermöglicht werden.

Die folgenden Beispiele von Ansprachen, wie sie in der Studie vorzufinden sind, sollen zeigen, welche Varianten es hier gibt. Gleichzeitig wird offenkundig, dass eine Vielzahl der Lehrkräfte durch die häufige Verwendung des Wortes „liebe“ eine gute und nahe Beziehung zu den Lernenden herzustellen versuchen – auch trotz oder gerade wegen der bestehenden digitalen Distanz.

Beispiel 186: Schüler:innenansprache

Hallo liebe Klasse 5,	Liebe Klasse 7,
Meine liebe Klasse 5,	Liebe 8er,
Hallo meine lieben Schülerinnen und Schüler,	Liebe Schülerinnen und Schüler,
Hallo, ich grüße dich!	Hallo meine Lieben!
Hallo ihr lieben Sportlerinnen und Sportler der Klasse 6,	Liebe Mädchen und Jungen und … unserer Klasse 10,
Hallo liebe Kletter:innen,	Liebe Bio-Kursler:innen unserer 11,
Lieber Mathe-LK,	Lieber Geschichtskurs 12,

35 Vgl. Hattie 2021.

36 Vgl. u. a. Tellisch 2020, Prengel 2019, Hattie 2021.

37 Hattie 2021: 21.

Lieber Geschichtskurs 12,	Salvete, liebe Klasse 9,
Hello Year 6,	Good afternoon year 5,
Dear class 9,	Dear students year 10,
Good morning, year 7!	Dear students of the advanced course English,
Mes chers élèves,	Liebe Arktis-Expeditionsteilnehmer:innen unserer Klasse 6,

2.7.2 Resilienzförderung in Krisenzeiten

Die Pandemie fordert(e) ein gewisses Maß an Resilienz von den Heranwachsenden. Sie mussten wiederholt und über mehrere Wochen allein, lediglich in digitalem Kontakt mit den Lehrkräften und Mitschüler:innen die Bildungsprozesse gestalten. Auch waren viele Freizeitaktivitäten nicht möglich, sodass die Heranwachsenden mitunter einen vollkommen neuen Alltag gestalten (mussten). Damit dies gelingt, braucht es Resilienz. Resilienz meint die psychische Widerstandsfähigkeit, also eine Kompetenz, schwierige Lebenssituationen wie sie die Pandemie geschaffen hat, gut zu bewerkstelligen und nicht in Depressionen oder andere psychische Auffälligkeiten abzudriften.[38] Es stellt sich die Frage, wie die Lehrkräfte im Homeschooling die Resilienz der Kinder und Jugendlichen fördern könnten. Die anstehenden Beispiele sollen einen ersten Impuls dazu geben:

Beispiel 187: Resilienzförderung/5. Kl./Biologie

Wer bin ich?

Gestalte deine „Wer-bin-ich-Karte" zu Ende: Denke an kleine Bilder, saubere Gestaltung, und Quellenangaben.

- ▹ Selbstwahrnehmung und -reflexion schärfen
- ▹ Bewusstwerden und Akzeptanz des Selbst

Beispiel 188: Resilienzförderung/10. Kl./Biologie

Generationen verändern sich

Lasst euch Fotos von euren Eltern und Großeltern aus ihrer Kindheit, Jugend und jungem Erwachsenenalter zeigen! Vergleicht sie mit denen von euch und euren Geschwistern! Was stellt ihr fest?

Denkt über die Ursachen dieser Phänomene nach und macht euch Notizen dazu! Daraus ergibt sich folgende Frage, der wir auf den Grund gehen wollen: Warum ist das bei der/m einen so und bei der/m anderen so??

38 Zur Vertiefung des Themas Resilienz in der Bildung siehe beispielsweise Amann 2014/ Jaede 2007/Welter-Enderlin, Hildebrand 2012.

- ▹ Bindungen stärken
- ▹ Selbst- und Fremdwahrnehmung fördern

Beispiel 189: Resilienzförderung/10. Kl./Biologie

Traumpartner:innen beschreiben

Für heute stehen auf dem Programm:

1) Traumboy/Traumgirl/Traumpartner:in – Was erwarten wir voneinander?? (siehe Dokumente „Traumhäuser" im Bio-Ordner)

- ▹ Selbstreflexion anregen
- ▹ Zukunftsvisionen forcieren

Beispiel 190: Resilienzförderung/5. Kl./Religion

Sich fehl am Platz fühlen?

Überleg mal für dich.

Kannst du dich in die Rolle des Gauklers hineinversetzen? Bist du dir auch schon einmal „Fehl am Platz" vorgekommen, z. B. wenn andere um dich herum gebetet haben? Hast du auch schon einmal das Gefühl gehabt, du kannst es nicht oder weißt nicht, wie du anfangen sollst? Schreibe deine Erfahrungen kurz auf.

- ▹ Selbstreflexion anregen
- ▹ gesunden Optimismus anregen

Beispiel 191: Resilienzförderung/7. Kl./Religion

Menschen, die zu Vorbildern geworden sind

Es gibt Menschen, die wissen gar nicht, dass sie für den anderen zum Vorbild geworden sind. Es gibt Menschen, die sind im Moment für andere Vorbilder, geraten aber sicher schon bald wieder in Vergessenheit. Es gibt Menschen, die durch ihren Dienst an anderen zu bleibenden Vorbildern geworden sind „Menschen, die in der Geschichte zu Vorbildern geworden sind." Mit diesem Thema wollen wir uns beschäftigen.

1. Stellt eine der historischen Personen aus dem Kästchen vor, die zum Vorbild für Jugendliche werden könnten/sollten.
   - Gebt dabei zunächst einen Einblick in sein Leben und Wirken.
   - Erläutert, was sie/er Beispielhaftes getan hat.
2. Positioniert euch anschließend, in welcher Weise man die Person nachahmen könnte. Welche Einflüsse hat diese Person auf unser heutiges Leben?

3. Begründet, ob diese Person für euch ein Vorbild ist oder nicht. Für die formale Umsetzung der Erarbeitung liegt das Methodenblatt für Handouts zugrunde.[39]

- ▷ Lösungsorientierung zentrieren
- ▷ Zukunftsvisionen ermöglichen
- ▷ Engagement initiieren
- ▷ Selbstwirksamkeit durchdenken und anregen

Beispiel 192: Resilienzförderung/7. Kl./Religion

Menschen brauchen Ziele

Jeder Mensch braucht Lebensziele

Notiere dir 2 wichtige Lebensvorstellungen für dein späteres Leben. Erkläre dann, was du tun möchtest, um das zu erreichen.

Ich möchte später unbedingt …

Um das zu erreichen, werde ich …

Diese Grenzen werden mir dabei begegnen …[40]

- ▷ Selbstreflexion und -wirksamkeit durchdenken
- ▷ einen gesunden Optimismus stärken, Zuversicht geben

Beispiel 193: Resilienzförderung/8. Kl./Religion

Eine prophetische Rede zu einem aktuellen gesellschaftlichen Problem gestalten

Anmerkung: Vorangegangen ist dieser Aufgabe eine Auseinandersetzung mit prophetischen Reden und deren Analyse.

Versetze dich nun selbst in die Rolle eines Propheten und erarbeite eine Rede zu einem aktuellen (gesellschaftlichen) Problem. Was beschäftigt dich? Worauf musst du unbedingt aufmerksam machen? Erarbeite eine eigene prophetische Rede.

- ▷ Lösungsorientierung forcieren
- ▷ für gesellschaftliche Herausforderungen sensibilisieren

---

39 Angelehnt an Röser, W. (2017). Ethik 7./8. Klasse. Bergdorfer Kopiervorlagen. Persen-Verlag.

40 ebd.

Beispiel 194: Resilienzförderung/9. Kl./Religion

Dein Gottesbild

Hier ist Platz für dein Gottesbild ...

Geh noch einmal tief in dich und überlege, was/ wie/ wo Gott für dich ist. Überlege dabei vielleicht auch, welche neuen Aspekte du bei der Auseinandersetzung mit diesem Thema in den letzten Stunden kennengelernt hast. Halte Augen, Ohren und Sinne offen – Was ist für dich göttlich?

Gestalte nun ein eigenes Kunstwerk, das dein Bild von Gott ausdrückt.

Das kann sein:

- ein Bild*
- eine Fotografie*
- ein Musikstück*
- eine Skulptur*
- ein Text (z. B. Gedicht)

... Der Kreativität sind da kaum Grenzen gesetzt.

* Bitte gebt dem Werk einen Titel und legt kurz dar, welche Intention euer Schaffen begleitet hat, was ihr ausdrücken wollt. (max. 300 Wörter) Wichtig ist: Der Urheber bist du, für Plagiate ist hier kein Platz.

▹ Möglichkeiten der Zuflucht/der Kraft aufzeigen
▹ kreatives Denken entwickeln

Beispiel 195: Resilienzförderung/10. Kl./Religion

Ethische Entscheidungen durchdenken

Wie du erfahren hast, lasten unter verschärften Bedingungen zahlreiche schwere Entscheidungen auf den Schultern von Menschen. In der Corona-Pandemie sind das allen voran die Mediziner:innen, aber auch die Politiker:innen. Ihr Handeln ist natürlich von persönlichen ethischen Leitlinien und Grundhaltungen geprägt. Wenn es jedoch um gesamtgesellschaftliche Entscheidungen geht, tritt in Deutschland der Ethikrat als Instanz auf.

Informiere dich darüber, was der Deutsche Ethikrat ist, und mache Notizen. *Link* (siehe 1. Abschnitt – „Herzlich willkommen ...")

Wie du vielleicht schon auf der Homepage des Ethikrats gesehen hast, hat dieser in der Corona-Pandemie bereits zahlreiche Stellungnahmen, Empfehlungen und Positionspapiere veröffentlicht. Im März 2020 war der Ethikrat ganz besonders gefragt, nämlich als unter den Eindrücken der ersten Pandemie-Welle in Italien der Begriff der Triage erstmals in Deutschland aufkam und die Frage laut wurde, wie deutsche Krankenhäuser/ Mediziner:innen in dieser Notlage handeln sollten.

Schau dir das folgende Video an, um nachzuvollziehen, unter welchen Szenarien aktuell Entscheidungen getroffen werden und auch der Deutsche Ethikrat seine Handlungsempfehlungen formuliert bzw. solche Handlungsanweisungen ablehnt. *Link*

- ▹ Lösungsorientierung anhand ethischer Maßstäbe entwickeln
- ▹ sinnvolles Abwägen und Entscheidungen treffen
- ▹ Akzeptanz von Situationen und Selbstreflexion des Agierens

Beispiel 196: Resilienzförderung/10. Kl./Religion

Gespräch mit Eltern über moralische Standards und deren Veränderung

Als kleinen Tipp für die kommende Woche gebe ich euch mit, mit euren Eltern ins Gespräch zu kommen, wie sich aus ihrer Sicht Werte und moralische Standards in den vergangenen Jahren/ Jahrzehnten verändert haben. Ich bin gespannt auf eure Gespräche! Bleibt gesund und geistig rege! Wir sehen uns nächsten Donnerstag online.

- ▹ Bindungen stärken
- ▹ Selbstreflexion forcieren
- ▹ Entwicklungen verstehen

Beispiel 197: Resilienzförderung/8. Kl./Gesellschaft-Recht-Wirtschaft

Medien und Meinung

Erläutere, wie eine demokratische Gesellschaft ohne Medien aussehen würde. Erkläre, warum eine Demokratie ohne Pressefreiheit keine Demokratie ist. Überlege, hat die Pressefreiheit Grenzen? Notiere deine Ideen dazu in Stichpunkten.

- ▹ Einflüsse auf das Selbst verstehen
- ▹ gesellschaftliche Prozesse mitgestalten

Beispiel 198: Resilienzförderung/7. Kl./Musik

Musikhören stärkt

Haltet eure Höreindrücke visuell fest, indem ihr eine Skizze oder eine kleine Zeichnung zu dem Musikstück anfertigt. Das muss kein großes künstlerisches Werk werden.

Notiert in Stichpunkten, wie ihr normalerweise Musik hört.

- Inwieweit nutzt ihr Musik zur „Berieselung“?
- Inwieweit könnt ihr beim Musikhören lernen und arbeiten?
- Welchen Stellenwert hat Musikhören in eurem Leben?
- Was gefällt euch besonders am Musikhören?
- Wann und/oder warum hat euch Musikhören auch schon mal genervt?

▹ Möglichkeiten der Zuflucht/der Kraft aufzeigen
▹ emotionale Stärkung
▹ Selbstwahrnehmung entwickeln

Beispiel 199: Resilienzförderung/10. Kl./Kunst

Was macht dich persönlich aus? – Aufgabenstellung

Lege dir eine Mindmap mit dem Thema „Me, myself and I“ an.

Überlege, was dich persönlich ausmacht (Interessen, Hobbys ...). Welche Farben, Charaktereigenschaften, eventuell Gegenstände/Symbole würdest du mit dir selbst in Verbindung bringen. Es können hier auch Ziele, Wünsche etc. festgehalten werden.

Schreibt bitte auf, welcher Kunststil euch für euer eigenes Selbstporträt am ehesten ansprechen würde. Je nachdem was ihr bevorzugt, wird die nächste kleine praktische Vorübung für euch von Bedeutung sein. Hier wird es unterschiedliche Möglichkeiten geben.

Ziel ist es dabei, dass ihr die für euch passenden Möglichkeiten zur Abstraktion erproben könnt, bevor ihr in die Ausarbeitung eures Selbstporträts geht.

▹ Möglichkeiten der Zuflucht/der Kraft aufzeigen
▹ Selbstwahrnehmung, -reflexion und -wirksamkeit entwickeln
▹ Auseinandersetzung mit der eigenen Person forcieren

Beispiel 200: Resilienzförderung/11. Kl./Kunst

Schneebilder als Schauspiel der Natur wertschätzen

Ich möchte das schöne Winterwetter nutzen, um Ihnen eine schneeaffine Kunstaufgabe zu schicken!

1 Andy Goldworthy ist ein Land Art-Künstler: Bitte betrachten Sie einige seiner Winterwerke (nutzen Sie Google).
2 Gehen Sie raus und suchen Sie nach interessanten Wintermotiven, die Sie fotografieren können!

Themenvorschläge:

- Schnee- und Eisstrukturen
- Vergängliches (z. B. vertrocknete Pflanzen im Schnee)
- Verborgenes
- Winterlandschaft
- Stille
- Licht und Schatten
- Tiere im Schnee
- Schneeflirren
- Schneeglitzer

Fertigen Sie eine fotografische Serie an (ca. 10 Fotos)!

Sie können zu einem oder verschiedenen Themenvorschlägen arbeiten. Vielleicht haben Sie ja auch eigene Foto-Ideen. Sie können die Bild im Nachhinein auch bearbeiten. Bitte beachten Sie, es geht nicht ums „Schießen" zahlreicher Fotos, sondern Ihre Fotos sollen einen künstlerischen Blick „auf den Schnee" werfen. Achten Sie auf eine spannungsvolle Komposition!

- ▹ Möglichkeiten der Zuflucht/der Kraft aufzeigen
- ▹ für die schönen und einfachen Dinge des Lebens sensibilisieren
- ▹ emotionale Stärkung

Beispiel 201: Resilienzförderung/8. Kl./Deutsch

Was ist besser: Homeschooling oder Präsenzschule?

Was ist besser: E-Schooling zuhause oder Unterricht in der Schule? Erstelle eine Tabelle, in der du jeweils Vor- und Nachteile beider Beschulungsarten auflistest. Formuliere für jeweils mind. zwei Nachteile Tipps, wie man das Problem besser lösen könnte.

- ▹ Akzeptanz von Situationen entwickeln
- ▹ Lösungsorientierung für Herausforderungen forcieren

Beispiel 202: Resilienzförderung/8. Kl./Deutsch

Schlechte-Laune-Killer und Kraft tanken

Teil A)

Stell dir vor, du wärst für die ersten 10 min zurück in der Schule. Was würde alles durch deinenKopf gehen? Such dir einen Charakter aus dem Bild aus und schreibe all deine Gedanken in die Gedankenblase.

Bild mit verschiedenen Comic-Figuren, die via Mimik und Gestik verschiedene Stimmungen verdeutlichen

- ▹ Selbstreflexion anregen
- ▹ imaginäres Denken schulen
- ▹ einen gesunden Optimismus entwickeln

Teil B)

Um möglichen Ängsten und dauerhafter schlechter Laune entgegenzuwirken, oder aber auch, um die Motivation für das E-Schooling aufrechtzuerhalten, ist es manchmal notwendig, sich selbst wieder richtig zu motivieren.

Es gibt viele Strategien und jeder von euch weiß, was bei ihm/ihr gut und was eher nicht so gut funktioniert oder sogar dazu führt, dass man die Arbeit lange vor sich herschiebt, Zeit vergeudet und dann wieder demotiviert ist, weil man am Ende noch mehr zu tun hat. Die Arbeit läuft leider nicht von allein weg. Oftmals ist es aber gerade das Schwerste, den Anfang zu machen. Wenn man sich einmal überwunden hat, flutscht es dann eigentlich ;-).

Um Ängsten entgegenzuwirken, hilft manchmal jedoch genau das Gegenteil: sich ablenken, sie wegschieben. Nicht immer und auch nicht auf Dauer ist das eine gute Lösung, aber für den Moment schon auch mal eine gute Möglichkeit.

Eine Möglichkeit, um in einen positiven Modus zu kommen, wäre es, sich den nachfolgenden Link anzuschauen. Nachweislich machen derartige Videos glücklich. *Link*

Aufgabe: Was hilft dir? Wie motivierst du dich? Wie wirkst du Ängsten und Sorgen entgegen? Formuliere zehn Strategien, die dir im (Schul-)Alltag oder zuhause dabei helfen, dich anzutreiben, dich glücklich zu machen und um dauerhaft motiviert zu bleiben.

Bsp. Schaue dir ein lustiges Tiervideo an, um in eine positive Grundstimmung zu verfallen.

- ▹ Selbstreflexion anregen
- ▹ imaginäres Denken schulen
- ▹ einen gesunden Optimismus entwickeln

Beispiel 203: Resilienzförderung/9. Kl./Deutsch

Wie aufgeklärt bist du?

Anmerkung: Vorangegangen ist der Aufgabe eine intensive Auseinandersetzung mit der Zeit der Aufklärung in Text und Bild.

Zusammengefasst kann man sagen – Die Menschen dieser Zeit wollten:

- eine Revolution gegen die alten Sitten und absolutistischen Monarchen
- Licht ins Dunkle bringen
- Toleranz leben
- die Wissenschaften erkunden, forschen und entdecken
- rational denken
- die Wahrheit ans Licht bringen
- sich vom Aberglauben befreien
- endlich selbst denken und sich nichts mehr von Herrschern vorschreiben lassen

All das, was du in deiner Mindmap mit Bedacht hast, hat in irgendeiner Form mit der Aufklärung zu tun. Und nun, da du weißt, dass Aufklärung nicht nur etwas mit Bienchen und Blümchen zu tun hat, ist es Zeit, dass du dich selbst einschätzt.

Für wie aufgeklärt hältst du dich eigentlich? Woran machst du das fest? Denkst du, dass die Schule dazu beiträgt – wie? Gibt es Menschen in deinem Leben, die du als nicht aufgeklärt empfindest? Hattest du schon Vorurteile und bereust diese oder hast sie immer noch?

▹ Selbstreflexion anregen
▹ eigenes Verhalten hinterfragen
▹ eigene Haltung und Gesellschaft weiterentwickeln

Beispiel 204: Resilienzförderung/12. Kl./Deutsch

Corona-Pandemie und Zukunftsvisionen im Werk „Corpus delicti“ (Zeh)

Anmerkung: Diese Aufgabe ist während der Behandlung des Werkes „Corpus Delicti“ von Juli Zeh angedacht.

„Die Corona-Pandemie bewahrheitet auf erschreckende Weise die im Roman ‚Corpus Delicti‘ gezeichnete Dystopie“. Notieren Sie Ihre Gedanken zu dieser These.

Informieren Sie sich über die Entstehungs- und Rezeptionsgeschichte des Romans „Corpus Delicti – Ein Prozess“. Konzentrieren Sie sich dabei insbesondere auf aktuelle Entwicklungen im Zusammenhang mit der Corona-Pandemie.

Tipps: Suchen Sie nach Interviews mit der Autorin und Rezensionen und/oder Kommentaren zu ihren Werken. Achten Sie dabei auf seriöse Quellen.

▹ Aktualitätsbezug der Aufgabe zur herausfordernden Situation der Pandemie
▹ Stärkung des kritischen Denkens

Beispiel 205: Resilienzförderung/12. Kl./Deutsch

Zur Bedeutung von Freiheit

Anmerkung: Diese Aufgabe ist während der Behandlung des Dramas „Maria Stuart" von Friedrich Schiller angedacht.

Überlegen Sie, welche Themen zu jeder Zeit der Geschichte für die Menschen aktuell und von Interesse sein könnten. Notieren Sie ein paar Beispiele.

Eine Comicfigur (die Lehrkraft) ist mit folgenden Fragen und eine Reihe von Minions (als Klasse) mit folgenden Antworten dargestellt.

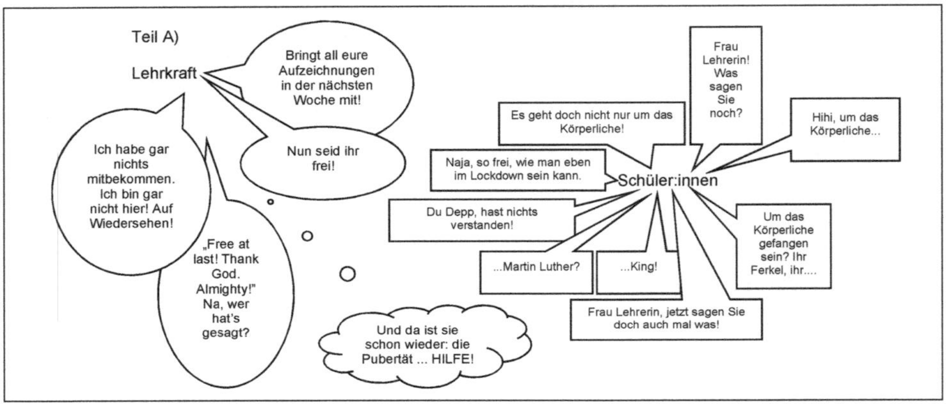

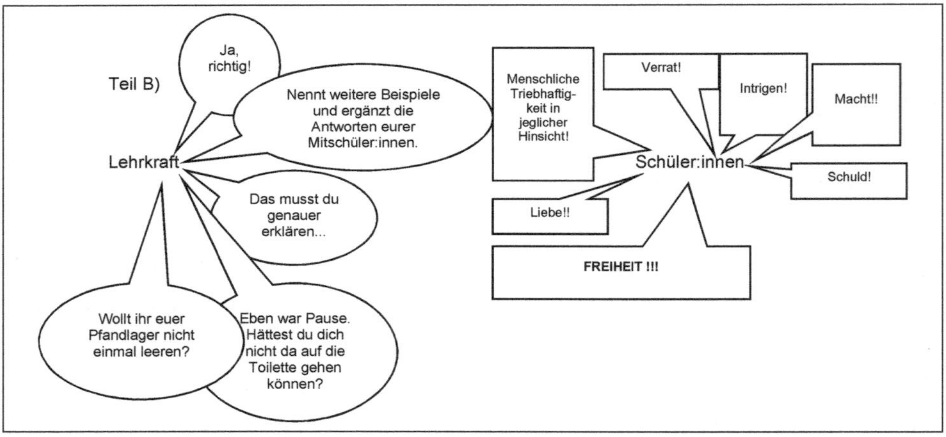

Was bedeutet Freiheit für dich?

- ▹ Auseinandersetzung mit dem Thema „Freiheit", die in Zeiten des Lockdowns in der Pandemie stark eingeschränkt war
- ▹ Selbstreflexion anregen
- ▹ Schaffung von Gemeinschaftsgefühl durch Lehrer:in-Schüler:in-Fragespiel
- ▹ Humor trotz herausforderndem und ernsten Thema

Beispiel 206: Resilienzförderung/6. Kl./Latein

Weihnachtslieder singen

Und jetzt folgt den Links und lasst das Weihnachtsfest beginnen! Singt kräftig mit! ☒ *Link*

Adeste fideles *Link*, Silent night, Und zum Schluss: O abies! Viel Spaß!!=) *Link*. Anmerkung: Die lateinischen Texte wurden abgedruckt.

- ▷ emotionale Stärkung fördern
- ▷ Freude beim Lernen
- ▷ Verknüpfung aktueller Feste mit dem Unterricht

2.7.3 Anwendung des Gelernten im Alltag – sonst brauche ich es nicht

Lernen sollte bestenfalls dazu dienen, den Alltag zu bewerkstelligen, das Leben zu meistern und die Gesellschaft mitzugestalten und weiterzuentwickeln. Dazu gehört auch, dass Lernaufgaben geschaffen werden, die den Lernenden zeigen, wie das Wissen auf diese Bereiche transferiert und direkt angewendet werden kann. Im Folgenden werden Beispiele dafür aus dem Homeschooling gegeben:

Beispiel 207: Anwendung des Gelernten/5. Kl./Geschichte

Prima! Heute hast du viel gelernt über den Glauben der antiken Griechen. Aber was hat das alles mit uns heute zu tun? Nun ja, vielleicht kam dir der eine oder andere Name eines/r griechischen Gottes/Göttin ja bekannt vor. Kennst du Marken oder Werbungen, die diese Namen verwenden? Falls ja, kannst du jetzt beurteilen, ob die Namen passend gewählt wurden.[41]

- ▷ Verknüpfung der griechischen Geschichte mit Marken und Werbungen

Beispiel 208: Anwendung des Gelernten/5. Kl./Geographie

Strandhaus kaufen

Wer träumt nicht davon? Ein Urlaub in Strandnähe. Man steht morgens auf und braucht nur ein paar Schritte zum Wasser und nachts hört man die Wellen rauschen.

---

41 In Anlehnung an Born, N.; Lodermann, T.; Schlutz, M. (2017). Forum Geschichte 5. Sachsen. Cornelsen-Verlag.

Stell dir vor: Deine Eltern wollen sich ein Ferienhaus auf der Halbinsel Zingst oder auf Rügen kaufen. Ihnen wird empfohlen, auch auf die Form der Küste zu achten. Deine Eltern sind ganz verwundert. Warum sollen sie das tun?

Lerne beide Küstenformen kennen. Sieh dir das Erklärvideo an. Zeichne je ein Profil der Steilküste und der Flachküste.

▹ Verknüpfung der verschiedenen Küstenformen mit der Idee, ein Haus an der Küste zu kaufen

Beispiel 209: Anwendung des Gelernten/5. Kl./Deutsch

Ursprung des eigenen Namens

Recherchiere in Büchern und/oder im Internet nach deinem Vornamen. Finde heraus, aus welcher Sprache er kommt und welche Bedeutung er trägt. Schreibe deine Ergebnisse auf!

▹ Verknüpfung der Recherche und der Namensgebung mit dem eigenen Namen

Beispiel 210: Anwendung des Gelernten/7. Kl./Latein

„Eine Odyssee“

Habt ihr auch schon einmal jemanden aus eurer Familie sagen hören „Oh Mann, das war ja eine Odyssee?“, wenn man nach einer langen Reise – vielleicht auch noch mit einigen unplanmäßigen Umwegen – irgendwo angekommen ist? Und habt ihr euch dann schon einmal gefragt, was das eigentlich ist, eine „Odyssee“?

Der Begriff geht zurück auf den Helden Odysseus (lat. Ulixes). Es ist einer der bekanntesten griechischen Mythen. Von ihm erzählt der Dichter Homer in seinem Werk „Ilias“. Seine Geschichte ist unheimlich spannend, seine Irrfahrten – die „Odyssee“ – ist noch heute Stoff für die Forschung, denn sie ist keine bloße Erfindung des Dichters. Sie spiegeln die spannende Epoche der griechischen Entdeckungsfahrten wieder.

- Notiere einen kurzen Steckbrief zu Odysseus. (Infos findet ihr z. B. hier: *Link*)
- Schau dir den Film zu den Irrfahrten des Odysseus an, um zu verstehen, wie sich in den Mythen der Antike Wirklichkeit und Dichtung vermischten. (*Link*)

▹ Verknüpfung der griechischen Sagen mit einem oft zitierten Sprichwort

Beispiel 211: Anwendung des Gelernten/6. Kl./Englisch

Imaginäre Reise nach Großbritannien

A trip through Great Britain

Let's start our tour through Great Britain.

Für diese Tour gibt es zwei unterschiedliche Schwierigkeitsgrade:

Regulär: Du freust dich auf die Tour, brauchst aber keine extra Herausforderung? Dann lege dir folge Arbeitsblätter bereit:

- "Tour_GreatBritain_Map" und
- "Tour_GreatBritain"

Du kannst dir zudem noch weitere Hilfe holen, indem du das Blatt "Help_Vocabulary" nutzt.

Herausforderung: Du suchst die Herausforderung und willst dein Können unter Beweis stellen? Dann lege dir folgende Arbeitsblätter bereit:

- "Tour_GreatBritain_Map" und
- "Tour_GreatBritain_challenge"

1. Wähle deinen Schwierigkeitsgrad.
2. Lies meine Anleitung auf der nächsten Seite durch.

▷ Verknüpfung des Kennenlernens Großbritanniens mit einer imaginären Reise dorthin

Beispiel 212: Anwendung des Gelernten/7. Kl./Englisch

Weekend-trip after the pandemic

A perfect weekend trip

Task: Imagine the pandemic was over and you could go on a weekend trip.

- Where would you like to go?
- Who would you go with?
- How would you get there (bus, plane, ...) ?
- What would you do (activities)?

1 Write a short text (5–6 sentences) about your "Perfect weekend trip", include some sentences in conditional I (um deine/eure Pläne zu beschreiben) and conditional II (um auszudrücken, dass der Trip aufgrund der Pandemie derzeit aber nicht möglich/unwahrscheinlich ist).

Examples/language help:

If the pandemic was over, I would go to .../travel to ... If I could, I would ....I would like to go there because ....

This is what my/our trip would look like. If we have enough money, we can take the .../we can stay at a ... If the weather is nice, we will ... If my friend Anne ...

▹ Verknüpfung einer Textproduktion in der Fremdsprache mit der Planung eines Wochenendtrips nach der Pandemie

Beispiel 213: Anwendung des Gelernten/8. Kl./Informatik

Umgang mit Metadaten bei Facebook und WhatsApp

Metadaten: Folgendes Video gibt dir eine Vorstellung davon, was Metadaten sind und wofür sie verwendet werden können. *Link*

Sieh dir folgendes Interview mit einem Mitglied der „Digitalen Gesellschaft" an und nenne 3 Beispiele, wie Metadaten zum Erheben persönlicher, nutzerbezogener Informationen verwendet werden können. *Link*

Zum Abschluss noch ein Video für Interessierte, welches den Umgang mit Metadaten seitens Facebooks/WhatsApp etwas genauer erläutert. (Hinweis: dieses Video stammt von einer Privatperson und ist von seiner Meinung „gefärbt" - Stichwort: vertrauenswürdige Quellen – es enthält aber nach meinem Kenntnisstand keine Falschinformationen) *Link*

▹ Verknüpfung des Lernens über Metadaten mit der Nutzung von Messenger- und anderen Internetdiensten, die die Schüler:innen verwenden

Beispiel 214: Anwendung des Gelernten/8. Kl./Profilstunde

Warum Körper farbig sind

Anmerkung: Vorangegangen ist diesen Aufgaben die Auseinandersetzung mit Farben und der subtraktiven Farbmischung.

Warum die Körper farbig sind

Aufgabe: Erkläre die Entstehung von Körperfarben durch: (Text steht zur Verfügung)

a) Absorption bestimmter Lichtanteile
b) Reflexion bestimmter Lichtanteile

Aufgabe: Erkläre mit diesem Wissen folgende Beobachtungen:

a) Schnee ist weiß
b) Teer ist schwarz
c) eine Gurke ist grün (2 Erklärungsmöglichkeiten)

▹ Verknüpfung von chemisch-biologischem Wissen mit Alltagsdingen

Beispiel 215: Anwendung des Gelernten/9. Kl./Profilstunde

Blaue Orchideen kaufen

Aufgabe

Nehmen wir mal an, ihr habt eure Blüte erfolgreich eingefärbt. Welche Beobachtung würde man machen, wenn man die Blüte anschließend in Salzwasser steckt? Wenn man so durch die Baumärkte und Gartencenter schlendert, dann fallen einem sofort die blauen Orchideen auf.

Hier werden einige Tricks angewendet, denn wie wir gelernt haben, werden sie einfach nur mit farbigem Wasser behandelt, dann reicht das für diese Farbenpracht nicht aus. In den Stil einer weißen Orchidee wird kurz vor dem Blütenstand eine Infusionsnadel gestochen. Die Nadel ist mit einem Schlauch an einen hochgestellten Infusionsbeutel mit Farbstofflösung verbunden. Die Farbstofflösung wird allein durch die Schwerkraft in die Blüten gedrückt. Das sieht aus wie in einem Krankenhaus.

An solchen Pflanzen hat man nicht lange Freude. Durch Wärme und Sonnenstrahlung wird der Farbstoff zersetzt. Das, was an neuen Blüten nachkommt, ist dann auch wieder weiß.

▹ Verknüpfung von chemisch-biologischem Wissen mit Alltagsdingen

Beispiel 216: Anwendung des Gelernten/10. Kl./Profilstunde

Bionik

Erarbeitet anhand der Texte und eigener Internetrecherche eine Merkseite zur Aktualität von „Bionik".

▹ Impuls zu neuen Entwicklungen im Bereich der Naturwissenschaften

Beispiel 217: Anwendung des Gelernten/11. Kl./Geographie

Pizza und Föhn

In Fresno, Kalifornien (90 m ü. M.) sind 28°C und der Wind weht vom Pazifik kommend. Herr Schimmel überquert das 4000m hohe Gebirgsmassiv der Sierra Nevada. Bei seinem Aufstieg an der Westseite scheint zunächst die Sonne. Ab einer bestimmten Höhe fängt es jedoch an zu regnen und der Wanderer befindet sich nun schlagartig in den Wolken. An diesem Punkt macht er Pause, isst seine eingepackte Double-Cheese-Pizza und misst mit seinem Thermometer die aktuelle Temperatur. Es sind 18°C.

Auf dem Gipfel wird es stürmisch und er steigt an der Ostseite schnell wieder ab. Das Wetter bessert sich schlagartig. Berechne die Höhe, auf welcher Herr Schimmel auf der Westseite Pizza gegessen hat.

▹ Verknüpfung geographischer Berechnungen mit alltagsnahen Erleben wie dem Pizza-Essen

Beispiel 218: Anwendung des Gelernten/7. Kl./Religion

Fastenaktion

Weil wir uns im Kirchenjahr gerade in der Passionszeit befinden, möchte ich heute mal eine aktuelle Stunde zum Thema Fasten und Fastenaktion der evangelischen Kirche machen. Auf dieses Thema aufmerksam geworden bin ich durch zwei interessante Berührungspunkte in den vergangenen Wochen. Davon möchte ich euch zu Beginn gern erzählen:

Am Aschermittwoch, dem Beginn der Passionszeit, habe ich abends einen Gottesdienst besucht. Der Pfarrer sprach in seiner Predigt davon, dass wir die kommenden Wochen bis Ostern mal ganz bewusst nutzen sollen, *um inne zu halten, unnötigen Ballast abzuwerfen und die eigene Gottesbeziehung zu überprüfen*. Eine Möglichkeit der Begleitung bietet die deutschlandweite Fastenaktion der evangelischen Kirche „Sieben Wochen ohne". Das hatte mich irgendwie angesprochen und sogleich kam mir der Gedanke, das Thema in den Unterricht einzubauen. Unabhängig von dem Gottesdienstbesuch erzählte mir ein guter Bekannter, dass er vor kurzem zehn Tage gefastet hatte. Er macht das jedes Jahr im Frühjahr und nutzt die Zeit ganz bewusst für sich als *Auszeit vom Alltag*. Währenddessen nimmt er keine feste Nahrung zu sich, trinkt nur Tee, Wasser und Brühe sowie Obst- und Gemüsesäfte. Weiterhin fährt er sein Arbeitspensum herunter und gönnt sich mehr Bewegung, frische Luft und gute Gespräche. Dann berichtete er davon, wie gut ihm das tut, dass der Körper von seinen Reserven zehrt. Außerdem würde sich dadurch gedanklich bei ihm etwas verändern. Gern liest er mal eine Andacht oder geht zum Beten in die Kirche. Von dieser starken Willenskraft und den positiven Aspekten war ich total begeistert. Und so habe ich mich mit dem Thema etwas beschäftigt.

Wie ihr sicherlich aus eurem familiären Umfeld wisst, wird nach dem Ende der kalten Jahreszeit oftmals der Frühjahrsputz gemacht. Zum Beispiel Fenster putzen, Gardinen waschen und die Wohnung farbenfroh und frühlingshaft dekorieren. Das tut gut und bringt so manche Freude im Alltag. Solch ein Frühjahrsputz für Geist und Körper kann auch das Fasten sein. Bei der Fastenaktion der evangelischen Kirche geht es nicht darum, auf feste Nahrung zu verzichten, sondern *innerlich aufzuräumen und gedankliche Blockaden* zu lösen.

Ich lade euch herzlich zu diesem kleinen Exkurs ein. In der nächsten Woche beginnen wir dann ein neues, großes Themengebiet. Ich denke, dass euch die aktuelle Stunde auch ein bisschen darauf vorbereiten kann.

▹ Verknüpfung von fachlichem Lernen und anstehenden Festen im christlichen Jahr

2.7.4 Lernen braucht positive Gefühle

Um Lernen mit Freude und nachhaltig zu gestalten, sollte eine gute Beziehung zwischen der Lehrkraft und den Schüler:innen sowie innerhalb der Lerngruppe hergestellt und aufrechterhalten werden. Diese Beziehungsgestaltung kann im Homeschooling beispielsweise dadurch geprägt werden, dass das Wohlergehen der Schüler:innen angesprochen oder auch Freude am Lernen aufgezeigt wird. Im gewöhnlichen Schulleben bzw. im persönlichen Kontakt wird meist immer mal wieder nach dem Wohlergehen gefragt – „Wie geht's euch? Wie waren die Ferien? Wie war die Exkursion? Wie ist es dir mit dem Test ergangen?" Im Homeschooling besteht die Gefahr, gehemmter und zurückhaltender zu sein. Im Folgenden werden Einblicke gegeben, die zeigen, wie Lehrkräfte Beziehungsgestaltung realisieren.

Das Wohlergehen der Schüler:innen kann beispielsweise durch folgende Aussagen thematisiert werden:

Wünsche zum Wohlergehen bei neuen zeitlichen Abschnitten (Ferien/Halbjahr/Woche):

Ich hoffe, …

- … ihr hattet schöne und erholsame Ferien.
- … ihr hattet einen schönen Jahresbeginn.
- … seid gut in das 2. Halbjahr gestartet.
- … du hattest ein schönes Wochenende.
- … ihr hattet eine schöne Woche und es funktioniert alles so, wie ihr es euch wünscht.

Wünsche zum Wohlergehen mit Blick auf die Gesundheit:

Ich hoffe, …

- … es geht euch allen halbwegs gut.
- … ihr seid und bleibt gesund und munter.
- … ihr hattet Zeit zur Erholung und zum Krafttanken.
- … dass ihr und eure Familien gesund bleibt.
- … ihr seid wohlauf?
- … ihr habt euch von der Homeschooling-Hektik gut erholt.
- … ihr konntet den Schnee etwas genießen.
- … ihr konntet das Frühlingswetter, wenngleich mit Einschränkungen, genießen?

Wünsche zum Wohlergehen mit Blick auf die Motivation im anstehenden Unterrichtsfach:

Ich wünsche, …

- … ihr habt ein bisschen Lust auf Musikunterricht.
- … ihr habt nicht zu viel von Latein vergessen.
- … ihr hattet heute Spaß in der Geschichtsstunde.
- … ihr konntet die Aufgaben gut lösen.

Wohlergehen und Gestaltung des Homeschoolings als Wechselspiel von Anspannung und Entspannung:

- Jetzt hast du dir erstmal eine Pause verdient.
- Geh nach draußen.
- Atme tief durch.
- Bewege dich eine Runde.
- Trinke etwas.
- Gönn dir etwas Gesundes zum Mittagessen.

Freude am Lernen, Motivation und gute Wünsche für die anstehende Unterrichtseinheit:

- Ich wünsche euch viel Freude beim Arbeiten und kreative Ideen!
- Ich wünsche euch viel Spaß bei den Erprobungen und gutes Gelingen!
- Das ist doppelt knifflig – aber du schaffst das!
- Eine schöne Unterrichtsstunde, viel Erfolg bei der Erarbeitung und spannende Erkenntnisse!
- Viel Erfolg und Spaß!
- Viel Spaß beim Suchen, Finden und Rätseln.
- Ich wünsche euch viel Spaß beim Knobeln und Ausarbeiten!
- Weiter so!
- Auf geht's!
- Ich bin gespannt auf eure Ideen und all die Themen, die euch bewegen!
- Nichtsdestotrotz werden wir uns dieser Herausforderung stellen und das Thema mit Bravour meistern!
- Ich wünsche euch viel Erfolg und eine abwechslungsreiche Lernzeit!
- Ich wünsche euch ein konzentriertes Arbeiten in hoffentlich schon gut bewährter Home-Schooling-Atmosphäre natürlich mit maximalen Erkenntnisgewinn.
- Ich wünsche euch viel Erfolg bei dieser herausfordernden, außergewöhnlichen Aufgabe und freue mich auf eure Ergebnisse!
- Ich wünsche euch viele neue Gedankengänge und viel Spaß!
- Ich hoffe, ihr bleibt auf jeden Fall dran und verliert nicht die Freude.
- Ich hoffe, ihr hattet ein paar lehrreiche, insbesondere prägende Unterrichtsminuten.
- Lasst euch überraschen! Let's go!
- Auf geht es in eine spannende Unterrichtswoche!

- Ich wünsche euch, neue Eindrücke heranzulassen und vielleicht daraus auch Motivation für das eigene Tun abzufassen.
- Ich kann mir schon vorstellen, dass ihr ganz aufgeregt seid und loslegen wollt. Let's go!
- Dieses Thema ist schon was Feines. Da lernt man so viel. Das macht Spaß!
- Zeigt bitte Beteiligung statt Tauchgang!

Freude und Motivation zu anstehenden Unterrichtsthemen in einem bestimmten Fach:

- Eine hübsche, junge, blonde, kompetente Frau erklärt dir im nachfolgenden Video noch einmal die gängigen Dramentheorien und verknüpft dein Wissen mit neuen Ansätzen.

… und nein, es ist nicht deine Deutschlehrerin.

- Nachdem wir nun über die tausend Weltmeere geschippert sind, kommen wir nun zu dem wohl spannendsten Thema des Faches in all den Schuljahren!
- Chemie steht wieder auf dem Stundenplan – was kann es Schöneres geben?

Speziell für das Fach Sport:

- Ihr habt alle solch hervorragende Ergebnisse im 15 min-Lauf erzielt, dass es megaschade wäre, würde das jetzt verkümmern und wir nicht dranblieben.
- Sport frei!
- Leute, Schluss mit dem Auf-der-Couch-Rumgelümmel!
- Lasst uns die Komfortzone verlassen – und heute trotz Winter nicht festfrieren!
- Ich wünsche euch viel Spaß bei der Bewegung an der frischen Frühlingsluft!

Tiere und andere Charaktere als Motivatoren und Vermittler von Freude am Lernen:

Immer wieder verwenden Lehrkräfte Figuren oder Tiere, die regelmäßig zu den Schüler:innen sprechen, sie motivieren und Freude oder Lustiges am Lernen aufzeigen wie es anhand folgender Beispiele im Fach Englisch deutlich wird. Diese Figuren oder Tiere tauchen in (beinahe) jeder Unterrichtsstunde an verschiedenen Stellen auf:

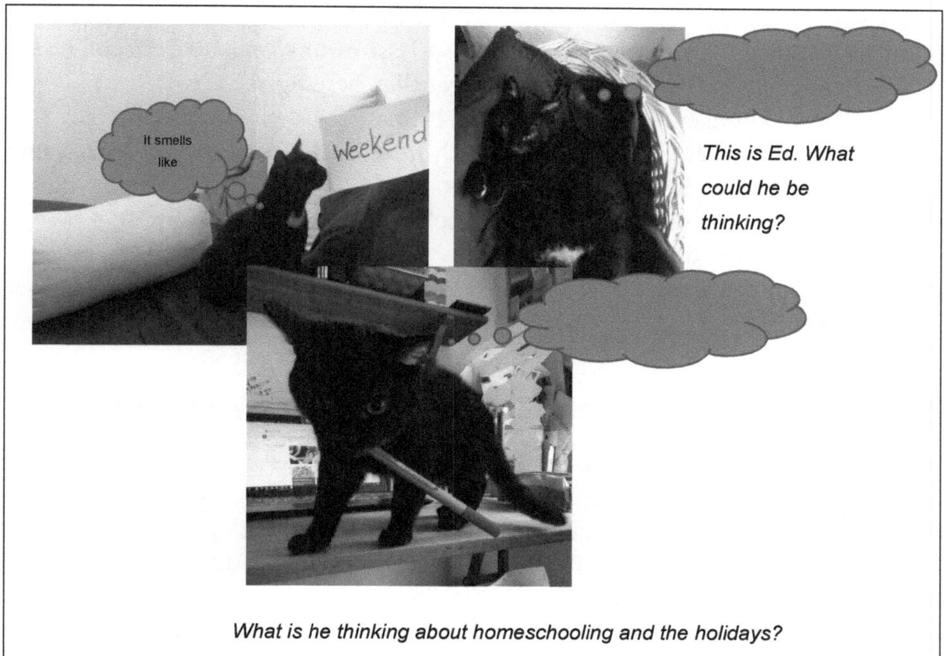

© Freigegebene Fotos einer Lehrkraft.

Lob der Schüler:innen für ihre Leistungen, was unabhängig von der Vergabe von Noten ist:

- Nach Sichtung eurer Stundenleistung möchte ich euch ein Lob aussprechen. Das war prima!
- Ein großes Lob gibt es für die pünktliche Abgabe eurer Ausarbeitungen!
- Großes Kompliment an euch, dass ihr so stark über 10 lange Wochen am Ball geblieben seid!
- Danke für eure Zusendungen. Ihr seid echt fleißig! APPLAUS!
- Eure Eindrücke waren sehr spannend. Ich sende sie euch mit Kommentaren und Anregungen dazu zurück.
- Heute bekommt ihr ein dickes fettes Lob – ihr macht das wirklich souverän und prima!
- Ich bin begeistert von euren Zuschriften. Gut gemacht!
- You can do it!
- Ich habe mich sehr gefreut, wie aktiv und tiefgründig ihr die Aufgaben der letzten Woche bearbeitet habt. Spitze!
- Für euch gibt es ein großes Lob für eure tolle Mitarbeit! Ich bin sehr positiv überrascht über das, was ihr schon alles könnt!
- Ihr arbeitet die Materialien intensiv ab. Super!
- Ein großes Lob für eure Ausarbeitungen. Es ist immer wieder spannend zu sehen, was euch bewegt und wie ihr die Themen bearbeitet.

- Da sind ja spektakuläre Sachen passiert in euren Experimenten. Auch wenn das nicht bei allen zum Erfolg geführt hat, so lasst es uns genauer betrachten und wenn möglich für das nächste Mal Fehlerquellen beseitigen.
- Eure Ausarbeitungen waren inspirierend. Prima!
- Ihr macht das nach wie vor super und ich freue mich über euer Mitdenken und Diskutieren in den Kommentaren!
- Klopf dir heute auf die Schulter und sei stolz, was du schon alles kannst!
- Prima! Heute hast du viel gelernt.
- Es macht großen Spaß, mit euch zu arbeiten. Ich freue mich schon sehr auf unser Wiedersehen.

2.8 Gemeinschaft im Homeschooling – ja, unbedingt!

Immer wieder wird in den Medien diskutiert, dass Homeschooling das Lernen in der Gemeinschaft nicht in dem Maße realisieren kann, wie es das Lernen vor Ort in der Schule ermöglicht. Es fehlen der persönliche Kontakt, das gemeinsame Miteinander und die kleinen „Tür-und-Angel-Gespräche" zwischendurch. In welcher Art und Weise die Lehrkräfte versuchen, dies im Rahmen des Homeschoolings dennoch zu realisieren, soll anhand der folgenden Beispiele aufgearbeitet werden. Zudem verweisen wir an dieser Stelle auf Kapitel 2.2, in dem u. a. Partner- und Gruppenarbeiten bzw. beziehungsstiftende Momente aufgearbeitet wurden, wie sie im Rahmen der Studie gefunden werden konnten.

Da das Homeschooling über einen langen Zeitraum in den Jahren 2020 und 2021 realisiert werden musste und auch über ein Schulhalbjahresende hinweg,[42] wurden mitunter Lehrer:innenwechsel notwendig. So kam es, dass Lehrkräfte sich von den Schüler:innen über das Homeschooling verabschiedeten und teilweise auch neue Pädagog:innen an die Schule kamen, um den Unterricht zu übernehmen. Ein Kennenlernen konnte dann nur digital erfolgen. In diesen Fällen standen Videokonferenzen einerseits und der schriftliche Austausch andererseits zur Verfügung. Für den letztgenannten Fall wurden beispielsweise Steckbriefe mit Fotos von den neuen Lehrkräften und auch von den Schüler:innen erarbeitet, die es ermöglichten, sich zunächst schriftlich kennenzulernen. Dies macht zwar nicht den Weg frei, ungezwungen ins Gespräch zu kommen, lässt aber dafür zu, dass die Lehrkraft die Schüler:innen hinsichtlich bestimmter Interessen und weiterer Frageschwerpunkte kennenlernen kann. Durch das schriftliche Erarbeiten eines Steckbriefes und das Lesen dieser wird mehr Zeit in das gegenseitige Kennenlernen investiert, als es meist in Unterrichtsform in der Schule passiert, wo dafür mitunter nur 20 bis 45 Minuten Zeit zur Verfügung stehen. Die umfangreiche Zeitinvestition ermöglicht das vertiefte Kennenlernen nach festgelegten Frageschwerpunkten, ersetzt aber nicht den ersten persönlichen Austausch. Dieser könnte via Videokonferenzen gewährleistet werden. Offen bleibt dann,

---

42 Anmerkung: gemeint ist Winter 2021.

die Schüler:innen in ihrem Wesen zu sehen – wie sie sich bewegen, verhalten, untereinander und auch mit Lehrkräften interagieren.

Folgende Formulierungen und/oder Unterrichtsideen weisen gemeinschaftsstiftende Elemente auf:

Beispiel 219: Gemeinschaft bilden/6. Kl./Geschichte

Die Lernenden und die Lehrkraft öffnen gemeinsam das Burgtor zum Themenfeld „Mittelalter".

Bild eines alten Burgtores, das geheimnisvoll wirkt

Heute wollen wir gemeinsam das Burgtor öffnen und uns in das Mittelalter begeben …

Dabei betrachten wir zunächst die größten Eroberer dieser Zeit.

▹ gemeinsames, wenn auch nur imaginäres Erleben und Eintauchen in eine fremde, längst vergangene Zeit

Beispiel 220: Gemeinschaft bilden/8. Kl./Profilstunde

Die Schüler:innen erarbeiten gemeinsam ein Drehbuch

Erarbeitet in Gruppen ein Drehbuch, wie wir es in der Videokonferenz besprochen haben. Einer wird von euch zum Gruppenleiter ernannt und gibt regelmäßig Feedback zum Arbeitsstand an mich. Verteilt die Aufgaben gleichmäßig und denkt daran, dass jeder unterschiedliche Potenziale habt, die ihr als Gruppe nutzen solltet.

▹ gemeinsames kreatives Arbeiten und Planen

Beispiel 221: Gemeinschaft bilden/10. Kl./Profilstunde

Die Lernenden setzen sich mit der Schwarmintelligenz auseinander

Wir sind ja mittendrin im Thema „Schwarmintelligenz" und ich würde euch gern mal zeigen, wie die Dynamik in einem Vogelschwarm funktioniert. Schaut euch bitte dazu dieses Video an: *Link*

Es ist schon faszinierend diese „*black sun*" in Aktion zu erleben. Da geschieht einiges im Schwarm. Aber werden die von uns notierten drei Verhaltensregeln auch tatsächlich eingehalten? Bitte schaut euch das Video noch ein zweites Mal an und sucht nach den Anwendungen der Verhaltensregeln. Woher kommt diese Dynamik im Schwarm? Das wiederrum wird hervorgerufen durch die Einflüsse von außen. Alle diejenigen Vögel die gerade außen fliegen bekommen zusätzliche Inputs. Da reicht auch schon das Schwarmende, oder ein einzelner Vogel von außerhalb. Der außen fliegende Vogel versucht dem auszuweichen, drängt nach innen und löst dadurch eine Kettenreaktion aus. Die Abstände müssen ja aufrecht gehalten werden. Noch interessanter wird es, wenn Fressfeinde einen Schwarm attackieren. *Link* *Link*

Ich erwarte Großes von euch, wenn ihr euch demnächst geschmeidig als Schwarm durch die Turnhalle bewegen werdet!

▹ Transfer des Themas auf eigenes Gruppenerleben und Aussicht auf gemeinsames Agieren, wenn die Schüler:innen wieder in der Schule zurück sein werden

Beispiel 222: Gemeinschaft bilden/10. Kl./Deutsch

Die Schüler:innen tauschen Schreibpläne gegenseitig aus.

Erstellt für eure textgebundene Erörterung einen vollständigen Schreibplan.

- Nutzt eure Aufzeichnungen der letzten Stunden.
- Entscheidet, ob ihr die Erörterung nach dem Sanduhr-oder dem Ping-Pong-Prinzip gliedert.
- Notiert entsprechend, wann ihr welche Argumente nennt. Nummeriert ggf. eure tabellarisch aufgeführten Argumente durch.

Tauscht eure Schreibpläne mit einem Mitschüler/einer Mitschülerin aus (z.B. per E-Mail, Foto per WhatsApp etc.). Gebt euch gegenseitig Feedback.

- Notiert euch das, was euch euer Mitschüler gesagt hat, unter euren Schreibplan.

▹ Peer-Feedback ermöglichen und eigene Schreibkompetenzen weiterentwickeln

Beispiel 223: Gemeinschaft bilden/9. Kl./Latein

Die Heranwachsenden kontrollieren gegenseitig ihre Übersetzungen.

Schicke einem deiner Mitschüler oder einer Mitschülerin deines Vertrauens deine Übersetzung und lass sie kontrollieren bzw. ergänzen. Es müssen nicht die Lateinkünstler*Innen in der Klasse sein, sondern jeder beliebige Mitschüler kann dies nach Erledigung der Aufgabe tun!

▹ gegenseitiges Kontrollieren von Übersetzungen, auch klassenübergreifend

Beispiel 224: Gemeinschaft bilden/6. Kl./Religion

Die Schüler:innen bearbeiten eine Lerntheke und tauschen sich darüber via Telefon oder Messenger-Diensten aus

Ziel für die heutige Unterrichtsstunde ist es, die letzten zwei Stationen zu absolvieren, sodass ihr dann alle sechs Stationen erarbeitet habt. Bitte vergesst nicht, euren Fortschritt auf eurem Laufzettel zu notieren. Selbstverständlich dürft ihr hierbei auch wieder mit einem Partner arbeiten und euch quasselnd am Telefon oder per WhatsApp fleißig austauschen.

- ▹ Besprechung und Austausch über die Aufgaben einer Lerntheke

Beispiel 225: Gemeinschaft bilden/11. Kl./Latein

Schüler:innen nehmen an einer interaktiven Meinungsumfrage im Klassenverband teil

In diese Thematik starten wir mit einer interaktiven Meinungsumfrage. Die Ergebnisse seht ihr in der kommenden Stunde. Nutzt zur Meinungsumfrage in eurer Klasse diesen Link: *Link* Das Voting ist bis 01.03.2021 geöffnet.

- ▹ Meinungen der Klasse zu einem Thema werden abgefragt; Stimmungsbild schaffen

Beispiel 226: Gemeinschaft bilden/9. Kl./Latein

Die Schüler:innen tauschen sich mit Tipps aus, wie sie die herausfordernde Zeit des Lockdowns gut gestalten

1. Schreibe Ideen auf, wie du glücklich und positiv denkend bleibst. Was machst du?
2. Schreibe deine Ideen auf die Lernplattform und vote für die besten Ideen.

- ▹ Austausch zu gegenwärtigen Herausforderungen und positive Gestaltung der Situation
- ▹ Zuversicht schaffen
- ▹ Zusammenhalt fördern

2.9 Evaluation und Feedback im Homeschooling

Ein Merkmal guten Unterrichts besteht darin, dass die Lernenden Möglichkeiten erhalten, um der Lehrkraft zurückzumelden, wie sie die Lernprozesse wahrnehmen. Man spricht hier vom Lernenden-Feedback, das mündlich oder schriftlich erfolgen kann. Darüber hinaus ermöglicht es guter Unterricht, dass die Lernenden in größeren

Abständen Evaluationen in schriftlicher Form ausfüllen, die verschiedene Bereiche des Unterrichts über einen längeren Zeitraum durch die Schüler:innen einschätzen lässt. Im Folgenden werden einige Beispiele von kurzen Feedback- und ausführlicheren Evaluationsmöglichkeiten im Homeschooling aufgezeigt[43]:

Beispiel 227: Evaluation/5. Kl./TC

Falls ihr Anregungen für Verbesserungen des Online-Unterrichts oder Kritik habt, schreibt mir das bitte in die E-Mail mit den Lösungen. Es wäre auch hilfreich für mich, wenn ihr mir mitteilen würdet, wie lange ihr für die Bearbeitung dieses PDF-Dokuments gebraucht habt.

- ▹ Frage nach Verbesserungen
- ▹ Frage nach Bearbeitungszeiten

Beispiel 228: Evaluation/5. Kl./Sport

I. Wie habt ihr die erste online-TE verkraftet? Schreibt mir gern ein kurzes Feedback, oder noch besser: lasst ein Foto von euch machen, wenn ihr Sport treibt und schickt es mir gerne!
II. Ich möchte 1 Unterrichtsstunde am Dienstag dazu nutzen, mich mit euch in einer Konferenz bei Zoom (muss das erst noch probieren) zu treffen. Ich schicke noch eine Mitteilung dazu. Da wollen wir einmal direkt über eure Erfahrungen und Befindlichkeiten mit und bei den Sportaufgaben sprechen, wie ihr mit allem zurechtkommt und die Tagesaufgabe der 2.TE auswerten.

- ▹ Frage nach Umsetzung der Aufgaben
- ▹ Frage nach Erfahrungen und Befindlichkeiten

Beispiel 229: Evaluation/5. Kl./Geographie

Bitte meldet mir unbedingt zurück, wie ihr mit der Zeit zurechtgekommen seid. Leider hatte ich noch nie eine 5. Klasse im Geografie-Homeschooling … ihr seid also meine kleinen Versuchskaninchen!!!

- ▹ Frage nach Bearbeitungszeiten

43 Vgl. Meyer (2014); Helmke (2015).

Beispiel 230: Evaluation/10. Kl./Geschichte

Anmerkung: Neben der Einsendung von Aufgaben wird folgende Frage als reguläre Einsendeaufgabe gestellt.

Wie bist du mit der Zeit und den Aufgaben zurechtgekommen?

▹ Frage nach Bearbeitungszeiten

Beispiel 231: Evaluation/7. Kl./Biologie

I. abzugeben bis Sonntag 17.01.21: folgende Angaben ankreuzen

1. Ich habe folgende Experimente durchgeführt:
   - ☐ 1
   - ☐ 2
   - ☐ E1
2. Ich habe Aufgabe 3 bearbeitet:
   - ☐ ja
   - ☐ nein
3. Ich habe den Sachtext gelesen:
   - ☐ nein
   - ☐ wenn ja, war er hilfreich?
4. Ich habe das Video gesehen:
   - ☐ nein
   - ☐ wenn ja, war es hilfreich?
5. Ich denke, ich habe die Lernziele erreicht:
   - ☐ fast
   - ☐ eher noch nicht

II. Reflexion: (folgende Angaben ankreuzen) abzugeben bis Sonntag 24.02.21

1. Ich habe folgende Aufgaben bearbeitet:
   - ☐ 4
   - ☐ 5
2. Ich habe den Selbstbeobachtungsauftrag durchgeführt:
   - ☐ nein
   - ☐ ja
3. Ich habe den Sachtext T2 gelesen:
   - ☐ nein
   - ☐ wenn ja, war er hilfreich?
4. Ich habe das Video V2 gesehen:
   - ☐ nein
   - ☐ wenn ja, war es hilfreich?
5. Ich habe das Video V2a gesehen:

- ☐ nein
- ☐ wenn ja, war es hilfreich?

6. Ich habe das Experiment E2 gemacht:
   - ☐ ja
   - ☐ nein, interessiert mich eher nicht
7. Ich möchte gern, wenn ich Zeit habe, das Experiment E2 durchführen:
   - ☐ ja
   - ☐ nein
8. Ich denke, ich habe die Lernziele erreicht:
   - ☐ ja
   - ☐ fast
   - ☐ eher noch nicht

- ▹ Frage nach Bearbeitung der Aufgaben
- ▹ Frage nach Sinnhaftigkeit der Materialien
- ▹ Frage nach Erreichen der Lernziele aus Sicht der Schüler:innen
- ▹ Frage nach weiteren Zeitressourcen

Beispiel 232: Evaluation/6. Kl./Latein

Bitte gebt mir eine Rückmeldung, ob das mit den Videos für euch funktioniert und ob alles für euch verständlich und von der Zeit her machbar ist. Leider ist die Tonqualität noch nicht optimal, aber ich werde bis nächste Woche sicher eine Lösung gefunden haben.

- ▹ Frage nach dem Funktionieren der Technik

Beispiel 233: Evaluation/7. Kl./Latein

Für Kahoot und Learning Apps bitte ich um ein kurzes Feedback, was euch leicht bzw. schwerfiel.

- ▹ Frage nach dem Gelingen der Aufgaben

Beispiel 234: Evaluation/7. Kl./Latein

Meldet bitte zurück, wenn die Aufgaben in der angegebenen Zeit nicht machbar sind.

- ▹ Frage nach Bearbeitungszeiten, falls die angegebenen Zeiten unrealistisch waren

Beispiel 235: Evaluation/5. Kl./Religion

Übung für …	Da lang geht es zur Übung …	Das fand ich		
das Einordnen der biblischen Bücher in AT und NT	1. *Link*	😆	😐	☹
	2. *Link*			
	Zusatz für Spitzensportler: 3. *Link*			
Suchen und Finden von Bibelstellen	1. *Link*			
	2. *Link*			

▹ Frage nach der individuellen Einschätzung der Aufgaben mit einer Skala zum Ankreuzen

Beispiel 236: Evaluation/11. Kl./Geschichte

Ich hoffe, dass alle mit der Form zurechtgekommen sind. Da es keine negativen Äußerungen diesbezüglich gab, werde ich auch für die heutige Stunde daran festhalten

▹ indirekte Frage nach dem Format des Homeschoolings

Gesamtevaluation zum Unterricht

Beispiel 237: Gesamtevaluation/7. Kl./Englisch

Just follow the link below to give feedback (anonymous) on our English lessons in this school year. I am very interested in your opinion!

There are some question where you only have to tick the answer and some where you can write something down – challenge: try to write down your opinion in English ;-)

Umfrage-Link Thanks a lot for your participation!

▹ Nutzung von Umfrageportalen zur Unterrichtsevaluation

Beispiel 238: Gesamtevaluation/12. Kl./Geschichte

Ich würde mich über ein kleines Feedback eurerseits zum Geschichtsunterricht freuen. Was habt ihr für euch und eure Zukunft mitnehmen können? Was würdet ihr mir mitgeben wollen?

▹ qualitativ-offene Unterrichtsevaluation am Ende der Schulzeit in einem Fach

Beispiel 239: Gesamtevaluation/9. Kl./Englisch

FEEDBACK on Mrs ***

I) Tick the box which you think fits most.

	Yes, always	sometimes	almost never
1. Her lessons are well-structured.			
2. In the beginning of the lesson we know about the topics.			
3. She speaks loud and clearly.			
4. I always know what my tasks are.			
5. The lessons are interesting.			
6. Her way of teaching is varied.			
7. She is an understanding person when we have problems for example.			
8. I can also learn something about life in her lessons.			
9. She has the class "under control".			
10. The learning atmosphere is pleasant.			
11. The level of her teaching is high and demanding.			
12. She is resolute and consistent.			
13. I can trust her.			
14. In my opinion she does a very good job.			
15. She is unfair.			

II) Rate the English lesson from 1–6. Tick.

a) How much did you learn from year 8 to 9?

1	5	10
ZZZZ ....Where am I?	was okay	I learnt a lot/sth. in every lesson

b) Did you understand what she explained?

1	5	10
I only understood "trainstation"	50%	She can explain very well

c) Is she structured, clear and tells you about the aim of her lessons?

1	5	10
she confuses me every lesson	okay, but I don't really know why and what to do	very clear, structured, transparent

III) Take notes on 1, 2, and 3 if you want to say something.

(1) sth. I appreciate/like about her teaching:

(2) sth. that disturbs/worries me:
(3) sth. I would like to recommend her/I always wanted to tell her:
(4) sth. I will never forget/that was funny:

IV) Finish the letter of recommendation:

Ladies and gentlemen,

Mrs Kohn has been my teacher in the subjects __________ and ______________ for ______ years. I can ______________ recommend her working in your school in America because ___________________________, ______________________________ ____, ______________.

Concerning her teaching you have to know that ______________________________ ____.

Something really special about her is ____________________________________ __________________________. Her relation to students is______________________ ____________. Furthermore she is very good at ______________________________ _______________________________. On the other hand she could improve _____ ___________________________. All in all ___________________________________ _____________________.

Sincerely, _________________________

- ▷ differenzierte Unterrichtsevaluation am Ende eines Schuljahres
- ▷ mit Ankreuzformaten
- ▷ mit Rankingskalen
- ▷ mit offenen Antwortmöglichkeiten
- ▷ mit Lückentext

3 Ausblick

Impulse geben, Bildung weiterdenken, auch wenn die Bedingungen nicht unbedingt immer einfach sind. Mit diesem Buch soll eine Anregung dazu gegeben werden, aus praktischen Beispielen heraus, Ideen zu entwickeln, das eigene Bildungsverständnis zu reflektieren und angepasst an die aktuellen Möglichkeiten Bildungsangebote für die Heranwachsenden zu gestalten.

Die Auswertung von knapp 979 Materialien von Lehrkräften aus dem Homeschooling der Pandemiezeit 2020/2021 hat gezeigt, dass auf sehr vielfältige Art und Weise Bildung gestaltet wurde. Auffällig ist, dass Kriterien für einen guten Unterricht nach Helmke oder Meyer immer wieder auch im digitalen Format zur Anwendung kommen. Dies trifft beispielsweise zu, wenn man an die klare Strukturierung, die Methodenvielfalt, das intelligente Üben oder das lernförderliche Klima denkt. Es kann aber auch festgehalten werden, dass Homeschooling teilweise von den Kriterien für guten Unterricht abweicht, indem beispielsweise der Dreischritt hin zu offenen Formen angewandt wird, eine gewisse Flexibilität bei Bearbeitungszeiten eingeräumt wird oder Wiederholungs- und Übungsphasen teilweise wenig systematisch eingebaut werden.

In der vorliegenden Studie konnte gezeigt werden, dass eine wertschätzende Lehrer:in-Schüler:in-Beziehung auch und ggf. sogar besonders in herausfordernden Bildungssituationen wie der einer Pandemie wichtig ist. Anhand verschiedener Beispiele konnte illustriert werden, dass Lehrkräfte ihre Schüler:innen auch bei der Selbstorganisation im Homeschooling unterstützen. Auch versuchen sie mitunter die Lernenden mit Worten, Bildern oder anderen Möglichkeiten zu motivieren. Indem Lehrkräfte die Schüler:innen anerkennend ansprechen und Freude für die Bearbeitung der Materialien evozieren, forcieren sie ein lernförderliches Klima. Lehrkräfte sind auch mit den Schüler:innen in den Austausch über das Homeschooling gegangen und haben Feedback seitens der Lernenden eingefordert, um das Lernen in diesem besonderen Format zu optimieren. Auch in dieses Themenfeld konnte die Studie einen Einblick geben.

Vermutlich den besonderen Umständen einer Pandemie geschuldet, wird auch deutlich, dass Lehrkräfte teilweise Aufgaben anbieten, die die Schüler:innen stärken – ihre Resilienz fördern – sollen. Möglich ist, dass Schüler:innen auf diese Weise physisch und psychisch gestärkt werden, um herausfordernde Zeiten zu meistern und sich ihrer Fähigkeiten bewusst werden.

Ein interessantes Ergebnis der Studie liegt auch darin, dass Lehrkräfte versucht haben, Gemeinschaft unter den Lernenden im Homeschooling zu fördern. Auch hier konnten verschiedene Formate aufgearbeitet werden, die es lohnt weiterzudenken.

Wie im Präsenzunterricht, haben Lehrkräfte im Homeschooling Formen des differenzierten Lernens ermöglicht. Die Studie konnte einen Einblick geben, in freie Aufgabenformate, Aufgaben mit verschiedenen Niveaustufen, Wahl- und Expert:innenaufgaben. Erste Anregungen für ein inklusives Bildungsverständnis im Homeschooling konnten damit gegeben werden. Auch hier kann weiter angeknüpft werden.

Die Studie konnte aufdecken, dass Lehrkräfte in den Zeiten des Lockdowns anregende, Mut machende, wertschätzende und fördernde Bildungsangebote für die jungen Leute kreiert haben. Dass dies nicht in jedem Fall zutrifft und manche der hier dargelegten Beispiele auch ambivalente Interpretationsspielräume offen lassen, ist bekannt und gewollt.

Die Ergebnisse dieser Studie geben Kraft und Zuversicht, dass Lehrkräfte auf dem Weg sind – auf dem Weg in ein sich immer wieder und weiter wandelndes Bildungsverständnis, das den Anforderungen gerecht werden kann, die schon heute und auch perspektivisch an unsere Kinder und Jugendlichen gestellt werden. Wir möchten uns dafür aussprechen, dass diese Arbeit gewürdigt wird und engagierte sowie am Kind orientiert arbeitende Lehrkräfte beispielsweise durch bedarfsgerechte Aus- und Weiterbildung gefördert und durch eine vielfältige und angemessene Aufarbeitung ihrer pädagogischen Leistungen wertgeschätzt werden.

Abbildungsverzeichnis

Literatur

Amann, E. G. (2014). Resilienz. Haufe-Lexware.

Baack, K.; Göbel, B.; Maier, A.; Marx, U.; Remé, R. (2009). NATURA Biologie für Gymnasien 1. Klett-Verlag.

Born, N.; Lodermann, T.; Schlutz, M. (2017). Forum Geschichte 5. Sachsen. Cornelsen-Verlag.

Dalljo, U; Kollender, F.; Simon, A.; Straßner, V. (2019). Mensch&Politik 7/8 Sachsen. Westermann-Verlag.

Felten, M. (2020). Unterricht ist Beziehungssache. Reclam.

Fickermann, D., & Edelstein, B. (Hrsg.). (2021). Schule während der Corona-Pandemie. Neue Ergebnisse und Überblick über ein dynamisches Forschungsfeld. Waxmann. https://doi.org/10.31244/9783830993315

Größl, M., Hövelmann, J., & Lodd, M. (2020). Auswirkungen von Corona auf das Schulleben – Ein Rechtsprechungsreport. RdJB Recht der Jugend und des Bildungswesens, 68(2), 243–257. https://doi.org/doi.org/10.5771/0034-1312-2020-2-243

Hattie, J. (2021). Lernen sichtbar machen für Lehrpersonen. Überarbeitete deutschsprachige Ausgabe von „Visible Learning for Teachers“ besorgt von Wolfgang Beywl und Klaus Zierer (5. Aufl.). Schneider Verlag.

Helm, C., Huber, S., & Loisinger, T. (2021). Was wissen wir über schulische Lehr-Lern-Prozesse im Distanzunterricht während der Corona-Pandemie? – Evidenz aus Deutschland Österreich und der Schweiz. Zeitschrift für Erziehungswissenschaft, 24, 237–311. https://doi.org/10.1007/s11618-021-01000-z

Helmke, A. (2015). Unterrichtsqualität und Lehrerprofessionalität. Diagnose, Evaluation und Verbesserung des Unterrichts (6. Aufl.). Klett.

Huebener, M., Spieß, C. K., & Zinn, S. (2020). SchülerInnen in Corona-Zeiten: Teils deutliche Unterschiede im Zugang zu Lernmaterial nach Schultypen und -trägern. DIW Wochenbericht, 47, 853–860. https://doi.org/10.18723/diw_wb:2020-47-1

Jaede, W. (2007). Kinder für die Krise stärken. Selbstvertrauen und Resilienz fördern (2. Aufl.). Herder.

Köhler, L. (2016). Wer garantiert unseren Wohlstand? RAAbits Online. Sozialkunde/Politik.

Langner, M., & Wagener, A. (2017). Deutschbuch Klasse 10. Cornelsen-Verlag.

Mayring, P. (2000). Qualitative Inhaltsanalyse. Grundlagen und Techniken (7. Aufl.). Dt. Studien-Verlag.

Meyer, H. (2014). Was ist guter Unterricht? (10. Aufl.). Cornelsen.

Mußmann, F. Hardwig, T., Riethmüller, M., & Klötzer, S. (2021). Digitalisierung im Schulsystem 2021: Arbeitszeit, Arbeitsbedingungen, Rahmenbedingungen und Perspektiven von Lehrkräften in Deutschland; Ergebnisbericht. Kooperationsstelle Hochschulen und Gewerkschaften der Georg-August-Universität Göttingen. https://doi.org/10.3249/ugoe-publ-10

Prengel, A. (2019). Pädagogische Beziehungen zwischen Anerkennung, Verletzung und Ambivalenz (2.). Barbara Budrich. https://doi.org/10.2307/j.ctvh1dpbj

Rahimi, B. (o. J.). Kooperatives und eigenverantwortliches Lernen mit dem Wald. Abrufbar unter: https://www.nabu.de/imperia/md/content/nabude/vogelschutz/vdj/waldkauz/170127-nabu-unterrichtshilfe-waldkauz.pdf

Röser, W. (2017). Ethik 7./8. Klasse. Bergdorfer Kopiervorlagen. Persen-Verlag.

Tellisch, C. (2020). Instrumente für inklusive Schulentwicklung: Schulmanagement, Qualitätsentwicklung, Lernarrangements. Barbara Budrich. https://doi.org/10.2307/j.ctv12pnstn

Treml, A. K. (2008). Wiederholung als pädagogisch-didaktische Kategorie. In Matreier Gespräche – Schriftenreihe der Forschungsgemeinschaft Wilhelminenberg (S. 299–314).

Waidmann, M. (2017). Der Staat als Schiedsrichter oder Mitspieler? Aufstellung und Ziele der Wirtschaftspolitik? RAAbits Online. Wirtschaft.

Wößmann, L. (2021). Bildungsverluste durch Corona: Wie lassen sie sich aufholen? Wirtschaftsdienst, 101(3), 150–151. https://doi.org/10.1007/s10273-021-2859-8

Welter-Enderlin, R., & Hildebrand, B. (Hrsg.). (2012). Resilienz – Gedeihen trotz widriger Umstände (5. Aufl.). Carl-Auer Verlag GmbH.

Zinn, S., & Bayer, M. (2021). Subjektive Belastung der Eltern durch die Beschulung ihrer Kinder zu Hause zu Zeiten des Corona-bedingten Lockdowns im Frühjahr 2020. Zeitschrift für Erziehungswissenschaft, 24, 339–365. https://doi.org/10.1007/s11618-021-01012-9